AF546143

Die besten Rezepte
aus Böhmen

Die besten Rezepte aus *Böhmen*

von

Regina Röhner

Foto Seite 2: Größte natürliche Sandstein-Felsbrücke Europas – das „Prebischtor“ bei Hřensko (Herrnskretschen) in der Böhmischen Schweiz

Trotz gewissenhafter Bearbeitung kann eine Haftung für den Inhalt nicht übernommen werden.
Für aktuelle Ergänzungen und Anregungen ist der Verlag jederzeit dankbar.
Wir bedanken uns bei allen, die uns unterstützt haben.

Impressum

Gerichtsweg 28, 04103 Leipzig
Tel.: 0341 / 493574-0, Fax: 0341 / 493574-40
www.buchverlag-leipzig.de

Titelfotos: oben Karlsbad (Karlovy Vary), unten Wirtshausgulasch (Rezept Seite 31): Colourbox.de
Innenfotos: siehe Seite 95
Einband, Satz, Layout: Uta Wolf, Quedlinburg
Druck und Binden: Print Best OÜ
Printed in Estonia

2. Auflage 2024

ISBN 978-3-89798-630-5

FSC
www.fsc.org
MIX
Papier | Fördert gute Waldnutzung
FSC® C129413

Inhalt

Wenn nichts anderes angegeben ist, gelten die meisten der folgenden Rezepte für vier Personen.

Přemysl und Libuše (1881), Denkmal auf dem Vyšehrad

Haus Nr. 19 im beliebten Goldenen Gässchen an der Innenmauer der Prager Burg

Böhmen ist immer wieder eine Reise wert

Böhmen mit der „Goldenen Stadt“ Prag war ein Sehnsuchtsort meiner Kindheit. Ein dickes Buch – „Böhmens alte Sagen“ – hatte mich entführt ins Reich der Mythen auf den „Vyšehrad“ (Prager Hochburg) und den „Hradschin“. Das damals 8-jährige Mädchen folgte dem legendären Urvater Čech und seinem Stamm auf der Suche nach Siedlungsland und einer neuen Heimat an die Moldau und erblickte mit ihm vom Berg Říp (St. Georgsberg – seit 1848 nationale Gedenkstätte) aus das gelobte Land, „voll von Wildbret und Vögeln, von Honig triefend“, das nach Čech (*lat. Boemus*) auch seinen Namen erhielt: „Boemia“. Es verweilte bei seinem Nachfolger, dem Fürsten Krok auf dem Vyšehrad und bei seinen drei Töchtern Teti, Kazi und Libuše. Erlebte die Hochzeit der Seherin und Fürstin Libuše mit Přemysl, dem Pflüger, der die Abordnung der Fürstin auf der umgekehrten Pflugschar mit einem Laib Brot und einem Laib Käse bewirtet hatte. Nach der Legende sind sie die Stammeltern des böhmischen Herrschergeschlechts der Přemysliden.

Zu DDR-Zeiten waren das Bäder-Dreieck, die „Goldene Stadt" Prag, das Riesengebirge mit Rübezahl, die Tatra und das Isergebirge (mit dem legendären Misthaus von Jizerka) beliebte Reiseziele. Die kulinarischen Möglichkeiten waren für uns – wenn es keine gebuchte Reise mit Vollverpflegung war – freilich eingeschränkt aufgrund der wenigen Kronen, denn der Umtausch war begrenzt. Aber tschechisches Bier, Hörnchen, Gulasch und Knödel und Zmrzlina, das legendäre Eis in knuspriger Waffel, Oblaten oder duftende Aprikosen (Marillen) waren dafür zu haben.

Damals begann ich, Speisen der **böhmisch-tschechischen** Küche nachzukochen und nachzubacken. Nach 1990 gab es dann ausgiebig Gelegenheiten, u. a. beim Wandern, diese opulente, wohlschmeckende Küche und Gemütlichkeit zu genießen.

Tschechien gehört heute zu den Ländern mit den meisten UNESCO-Welterbestätten. Es gibt viel zu entdecken, kulinarisch und kulturell. Die Montanregion Erzgebirge/Krušnohoří mit ihrer 850-jährigen Bergbaugeschichte verbindet Sachsen und Tschechien.

Böhmens berühmteste Kochbuch-Autorin Magdaléna Dobromila Rettigová (1785 – 1845), der heute in ihrem Geburtsort Všeradice ein Museum und in Litomyšl (*deutsch Leitomischl*) eine Straße und ein Festival gewidmet sind, war eine Schriftstellerin und Förderin der böhmischen nationalen Identität. Die tschechische Sprache erlernte sie erst als erwachsene Frau von ihrem Ehemann. Ihr Kochbuch „Domácí kuchařka" (Häusliche Küche) erschien 1826 und wurde (mit Erweiterungen) mehrfach in tschechischer Sprache und in deutscher Übersetzung aufgelegt. Auch von ihren Rezepten ließ ich mich inspirieren.

Tipps zu typischen Zutaten:

Charakteristische Gewürze in vielen Gerichten sind: Schwarzer Pfeffer, Kümmel, zerriebener und mit Salz vermischter Knoblauch, Pimentkörner, Ingwer, Paprika, Majoran, Liebstöckel, Petersilie, Schnittlauch, Knoblauch und Zwiebeln.

Wer kein Freund von Kümmel ist, kann diesen auch weglassen oder durch Kreuzkümmel oder getrockneten Thymian ersetzen, die ebenfalls für bessere Bekömmlichkeit sorgen.

Damit die tschechischen Knödel auch richtig gut gelingen, benötigt man griffiges oder doppelgriffiges Mehl. Doppelgriffiges Mehl ist auch unter den Bezeichnungen Dunst, Instant- und Spätzlemehl bekannt. Alternativ kann man 10 bis 20 Prozent des Mehls durch Weizengrieß ersetzen.

Reibequark (Tvaroh Tvrdý) ist bei uns eher unbekannt. Alternativ etwas saure Sahne oder Hüttenkäse verwenden. Reibequark (fester Hüttenkäse) ist in tschechischen Geschäften erhältlich als „Jaroměřický tvaroh tvrdý na strouhání".

Herzhaftes zu Bier, kleine Vorspeisen, Aufstriche und Häppchen

***Utopenec** bedeutet „Ertrunkener“ oder „Ersoffener“. Bei dieser schon seit über hundert Jahren beliebten Kneipen- und Hausspezialität handelt es sich um geräucherte Brühwürste, die aufgeschnitten, mit Zwiebelringen gefüllt und mit heißem, gewürztem Essigsud übergossen („ertränkt“) werden. Der Essiganteil beträgt meist 2/3. Ein Kneipenwirt soll den schnellen Imbiss erfunden haben, um durch die Essiglake die Würste vor Verderb zu schützen. Serviert werden die „Ertrunkenen“ mit Sauergemüse und Brot. In Tschechien verwendet man für die Zubereitung „Špekáčky“, spezielle mit Speck angereicherte Bockwürstchen.*

Sauer eingelegte Wurst – „Ertrunkene“ *(Utopenci)*

- *3 mittelgroße Zwiebeln à 60 g (40 – 50 g mittelscharfe Peperoni)*
- *6 Špekáčky (1 Packung à 480 g) oder Bockwurst*
- *250 ml Weißweinessig mit 5 % Säure*
- *1 TL Senfkörner*
- *1 gestrichener TL Zucker*
- *1 – 2 Lorbeerblätter*
- *6 Pfefferkörner, schwarz*
- *6 Pimentkörner*
- *1 Prise Salz*

Die Zwiebeln schälen, halbieren und in dünne Halbringe schneiden. (Peperoni entkernen und in Streifen schneiden.) 150 ml Wasser mit den Gewürzen erhitzen. Die Würste der Länge nach so einschneiden, dass die Hälften noch zusammenhängen. Die Einschnitte mit einem Teil der Zwiebelringe (und Peperonistreifen) füllen. Im Wechsel mit den restlichen Zwiebelringen (und Peperonistreifen) in ein großes Glas (1,5 l) oder zwei kleinere einschichten. Den aufgekochten Gewürzsud heiß über die Würste gießen und das Glas fest verschließen. Nach dem Abkühlen im Kühlschrank **mehrere Tage** durchziehen lassen.
Die Gewürzlake kann auch mit weniger Essig zubereitet werden. Mindestens aber im Verhältnis von 1 Teil Essig und 2 Teilen Wasser. Manche häuten die Würste auch oder schneiden sie in Scheiben.

Die Brühwurst „Špekáčky“ (aus Schweine- und Rindfleisch) wurde 1891 auf der Prager Jubiläumsausstellung präsentiert und frisch geräuchert mit Meerrettich angeboten. Seit 2011 ist sie in der EU als garantiert traditionelle Spezialität anerkannt.
In Wasser erhitzt wird die Wurst mit Senf und Brot verspeist. „Špekáčky“ werden gebraten oder gegrillt, auch an offenem Feuer. Dafür werden sie an den Seiten kreuzweise eingeschnitten und auf einen Zweig gespießt.

Foto oben: Hopfenanbau bei Žatec (Saaz)

Touristenmagnet - Goldenes Gasschen - 1916/17 lebte Frank Kafka im ersten Haus links (Nr. 22)

Eingelegter Camembert *(Eingelegter Hermelin)*

- *1 rote mittelgroße Zwiebel*
- *2 Knoblauchzehen*
- *1 Chilischote*
- *Salz*
- *Sonnenblumenöl oder Olivenöl*
- *(Paprikapulver, edelsüß)*
- *2 Hermelin Käse (oder 2 Camembert à 100 – 125 g)*
- *2 Lorbeerblätter*
- *2 Wacholderbeeren*
- *6 Pfefferkörner*
- *6 Pimentkörner*
- *1 Zweiglein Thymian*

Zwiebel und Knoblauch schälen. Die Zwiebel in dünne Ringe schneiden. Chili entkernen und fein hacken. Den Knoblauch fein hacken oder pressen und mit etwas Salz verreiben. Mit 1 EL Öl, Chili (und Paprikapulver) zu einer Paste verrühren.
Die Käse quer durchschneiden. Die Schnittflächen mit etwas Knoblauchpaste bestreichen. Je eine Seite mit einigen Zwiebelringen belegen und die andere auflegen.
Die Käse in ein passendes Schraubglas legen. Restliche Zwiebelringe und die Gewürze dazugeben. So viel Öl angießen, dass der Käse komplett bedeckt ist. Dann **4 bis 7 Tage** kühl stellen.

Wird der Käse nach dem Füllen geviertelt, reichen **2 Tage** zum Durchziehen.
Den Käse mit etwas Marinade und den Zwiebelringen servieren. Zu diesem deftigen Wirtshausklassiker schmecken Bier und kräftiges Land- oder Schwarzbrot.

Gebackener Hermelin

- *1 geh. EL Mehl*
- *2 – 3 geh. EL feine Semmelbrösel*
- *1 Ei, Salz*
- *Pfeffer, Paprikapulver*
- *2 Hermelin Käse oder 2 Camembert*
- *Sonnenblumenöl*

Je einen tiefen Teller bereitstellen für das Mehl, das Ei und die Semmelbrösel. Das Ei mit Salz, Pfeffer und Paprika würzen und mit einer Gabel aufschlagen. Käse erst in Mehl, dann in Ei und zuletzt in den Semmelbröseln wenden. Mit etwas Öl in einer Pfanne ausbacken. Auf Küchenpapier entfetten. Dazu eingelegte Preiselbeeren, Walnüsse und Tatarensoße (siehe Seite 13) reichen.

Alternativ im Backofen auf einem mit Backpapier belegten Blech bei 180 °C etwa 20 Minuten goldbraun backen.

Das beste Bier

Schon der slawische Stamm des legendären böhmischen Urvaters Čech verstand sich aufs Brauen.

Heute ist untergärige Hefe ein Markenzeichen des tschechischen Bieres. Das berühmte Pilsener Bier, heute als „Pilsner Urquell“ bekannt, mit untergäriger Hefe, Saazer (Žatec) Hopfen und hellem Malz wurde 1842 vom ersten Braumeister der neuen Pilsner Stadtbrauerei, dem Bayern Josef Groll, kreiert und bereits im November 1842 in Gasthöfen der Stadt und bald auch in Prag ausgeschenkt.

Andere bekannte Biermarken sind „Budějovický Budvar“ – Budweiser Bier aus České Budějovice, „Velkopopovický Kozel“, „Staropramen“ oder „Březňák“.

Käseschnitzel *(Smažák)*

2 Scheiben Edamer Käse (1 – 1,5 cm dick)

Zutaten für die Panade siehe Seite 11

Die Käsescheiben zu Dreiecken schneiden und etwas wässern, damit die Panade besser haftet. Dann wie oben beschrieben panieren und in heißem Öl von beiden Seiten goldbraun braten. Dazu Bratkartoffeln oder Pommes und Tatarensoße reichen.

Eine von vielen Prager „Švejk“-Kneipen

Tatarensoße

200 g Mayonnaise
2 – 3 EL Naturjoghurt oder Crème fraîche
2 kleine Gewürzgurken
1 TL Kapern
1 Schalotte oder 1 kleine Zwiebel
2 – 3 EL Gurkenbrühe
1 – 2 TL Senf
Salz, Pfeffer
1 Prise Zucker

Die Mayonnaise in eine Schüssel geben und mit Joghurt oder Crème fraîche verrühren. Gurken, Kapern und die geputzte Schalotte sehr fein wiegen oder hacken und mit etwas Gurkenwasser (oder Essig) unter die Mayonnaise rühren. Mit Senf, Salz, Pfeffer und einer Prise Zucker abschmecken. Etwas durchziehen lassen. Die Soße schmeckt zu gebackenem Käse, Fisch, Gemüse, Gegrilltem, gebackenen Kartoffeln u.v.a.

Varianten:
1 Knoblauchzehe in die Soße pressen.
Etwas fein gehackte Petersilie oder Dill dazugeben.
Mit etwas Worcestersauce abschmecken.
Zugabe von einem hart gekochten, fein gehackten Ei.

Röstbrote *(Topinky)*

Schweineschmalz oder Öl
4 Scheiben altbackenes Roggenmischbrot (Graubrot)
Salz, 2 Knoblauchzehen

In einer Pfanne etwas Schmalz oder Öl erhitzen und die Brotscheiben von beiden Seiten goldbraun braten. Salzen, mit Knoblauch abreiben, bestreichen oder mit einigen Scheibchen belegen.
Oder: Knoblauch mit Schale andrücken, zum Brot in die Pfanne geben. So nimmt das Brot einen leichten Knoblauchgeschmack an. Wer es kräftiger möchte, drückt den weichen Knoblauch aus der Schale und bestreicht damit die Brotscheiben.

Topinka wird zu Tatar gereicht. Beliebt ist auch ein Belag mit Rührei und aufgestreutem, geriebenem Klosterkäse (Monastýr) oder mit gebratener Geflügelleber.

Chlebíčky
sind Stangenweißbrotscheiben, bestrichen mit Butter, Mayonnaise, Kartoffelsalat oder herzhaftem Aufstrich, belegt mit Kochschinken, Lachs, Roastbeef, Salami, geräucherter Zunge, Fleisch- oder Krabbensalat, dekoriert mit Petersilie, Gewürzgurken, Tomate, Ei und Paprika.
Dafür wird Stangenweißbrot schräg in 1 bis 2 cm dicke, etwa 10 cm lange Scheiben geschnitten. Der Klassiker ist der Belag mit Schinken und Salami auf Kartoffelsalat. Der Koch und Feinkosthändler **Jan Paukert** gilt als Erfinder der „tschechischen Sandwiches". 1916 soll er in seinem Laden in der Prager Nationalstraße die ersten Chlebíčky verkauft haben. Bis heute sind sie beliebt: als Zwischenmahlzeit, zur Silvesterfeier, zu Hochzeiten und Firmenfeiern.

Tschechische Sandwiches – *klassische Chlebíčky*

Pro 10 cm lange Weißbrotscheibe:

- 1 – 2 EL Kartoffelsalat nach Rezept Seite 48
- Butter
- 1 dünne Scheibe Kochschinken
- 6 dünne Scheiben Salami

Als Garnitur:

- 1 gekochtes Ei-Achtel
- 1/2 kleine Gewürzgurke
- 1 Tomatenachtel

Eine Hälfte der Weißbrotscheibe mit Kartoffelsalat belegen, die andere mit Butter bestreichen. Die Kochschinkenscheibe zusammenklappen und bogenförmig auf dem Kartoffelsalat anrichten. Die Salamischeibchen zu Tütchen formen und damit kreisförmig – wie eine Blume – die gebutterte Seite belegen. Gewürzgurke halbieren und fächerartig einschneiden. Das belegte Weißbrot mit Gurkenfächer, Ei und Tomate dekorieren.

Schinkenröllchen, gefüllt mit Meerrettichsahne

2 – 3 EL frischer geriebener Meerrettich
1 TL Zitronensaft
250 ml Schlagsahne
Salz, (Pfeffer, weiß)
8 Scheiben geräucherter Kochschinken (z. B.Pražská šunka – Prager Schinken)

Diese Vorspeise für feierliche Anlässe wird traditionell zu Hochzeitsfeiern gereicht.

Meerrettich schälen, fein reiben. Je nach gewünschter Schärfe benötigt man 2 bis 3 Esslöffel davon. Zitronensaft unter den Meerrettich rühren. Die Sahne mit einer Prise Salz steif aufschlagen. Meerrettich unterheben. Eventuell noch etwas pfeffern. Die Schinkenscheiben mit der Meerrettichsahne bestreichen und aufrollen.
Oder den Kochschinken zu einer Rolle formen, die Meerrettichsahne in einen Spritzbeutel geben und damit die Röllchen befüllen.
Auf einer Platte mit frischem oder sauer eingelegten Gemüse anrichten. Dazu Weißbrot reichen.

*Der **Prager Schinken** (Pražská šunka) wurde bereits im 16. Jahrhundert erwähnt und gehört damit zu den ältesten Kochschinkenspezialitäten der Welt. 2012 erhielt er den Status einer EU-weit garantierten traditionellen Spezialität.*

Schinken-Lauch-Aufstrich

75 g geputzter Porree oder Frühlingslauch

100 g Kochschinken oder Schinkenwurst

100 g Mayonnaise

Salz, weißer Pfeffer

1 Prise Zucker

Zitronensaft

Lauch in leicht gesalzenem Wasser blanchieren. In kaltem Wasser abschrecken. Trocken tupfen und fein hacken. Schinken oder Schinkenwurst in feine Streifen schneiden. Alles mit der Mayonnaise vermengen und mit Salz, weißem Pfeffer, Zucker und Zitronensaft abschmecken.

Käse-Schinken-Aufstrich

2 hart gekochte Eier

100 g Camembert oder Hermelin

100 g Kochschinken oder Schinkenwurst

25 g Schalotte oder Zwiebel

100 g Mayonnaise

Salz, Pfeffer

Die Eier schälen, klein schneiden und in einer Schüssel zerdrücken. Käse, Schinken und Zwiebel sehr fein hacken, mit der Eimasse vermischen und alles mit einer Gabel zerdrücken. Die Mayonnaise unterrühren. Mit Salz und Pfeffer abschmecken. Zum Durchziehen ca. **1 Stunde** kühl stellen.

Lachsaufstrich

1 Knoblauchzehe

100 g Räucherlachs

1 EL Sonnenblumenöl

1 EL Zitronensaft

175 g Doppelrahmfrischkäse

Salz, weißer Pfeffer

(Dill)

Knoblauch schälen und fein hacken. Den Lachs in kleine Würfel schneiden, mit Öl, Zitronensaft und Knoblauch vermengen. Die Masse auf einem Schneidebrett mit einem Messer gut durchhacken. In eine Schüssel umfüllen und löffelweise den Frischkäse unterrühren. Mit Salz und Pfeffer abschmecken. (Fein gehackten Dill untermengen.) Im Kühlschrank mindestens **60 Minuten** durchziehen lassen.

Für eine homogene Konsistenz kann auch der Pürierstab eingesetzt werden.

Krabbenaufstrich

125 g gekochtes Krabbenfleisch
1 TL Dijon-Senf
100 g Mayonnaise oder 50 g Mayonnaise und 50 g Joghurt
Pfeffer, (Salz), 1 Prise Zucker
1 TL Zitronensaft

Das geputzte Krabbenfleisch abspülen, trockentupfen und in sehr kleine Würfel schneiden. Mit Senf und Mayonnaise mischen. Mit Pfeffer, einer Prise Zucker und Zitronensaft abschmecken. Fein gehackten Dill untermengen. Kalt gestellt wenigstens **60 Minuten** durchziehen lassen.

Gurkenaufstrich

1 Salatgurke, Salz
1 Knoblauchzehe
125 g Quark
125 g Créme fraîche
1 TL Paprikapulver, edelsüß
gemahlener Pfeffer

Die Gurke schälen, längs halbieren und mit einem Löffel die Kerne ausschaben. Die Gurke raspeln und etwas salzen. Knoblauch schälen und sehr fein hacken oder pressen.
In einer Schüssel Quark und Créme fraîche mit Knoblauch und Paprikapulver verrühren. Gurke gut ausdrücken und unterrühren. Mit Pfeffer aus der Mühle abschmecken. Falls erforderlich, noch salzen.

Pikanter Käseaufstrich

100 g Blauschimmelkäse

100 g weiche Butter

1 TL fein gehackte Schalotte oder
1 TL frisch geriebener Meerrettich

Paprika, edelsüß

Käse zerdrücken und mit der weichen Butter gut vermischen, Zwiebel oder etwas Meerrettich unterrühren. Mit Paprika abschmecken.

Die Masse kann auch mit dem Pürierstab cremig aufgeschlagen werden.

Würzige Hörnchen (Stangen) zum Bier

Für 20 bis 22 kleine Hörnchen

Für den Teig:

30 g Hefe, 10 g Zucker

250 ml Sahne (+ weitere 10 – 20 ml je nach Mehl)

500 g Mehl

8 g Salz, 1 TL Zitronenabrieb

1/4 TL Ingwer

35 g Butter

Zum Bestreichen:

1 Ei, grobes Salz

Kümmel oder Kreuzkümmel

Zerbröckelte Hefe und Zucker vermengen, etwas lauwarme Sahne angießen und etwa **10 Minuten** aufgehen lassen. Das Mehl mit den Gewürzen vermengen, weiche Butter, restliche Sahne und Hefe angießen und alles zu einem glatten Teig verkneten. **30 Minuten** gehen lassen.

Auf das bemehlte Backbrett geben. Nochmals durchkneten und in 20 bis 22 etwa gleich schwere (ca. 40 g) Stücke teilen. Einzeln dünn zu Dreiecken ausrollen. Diese mit den Händen zu etwa 15 bis 20 cm langen Hörnchen aufwickeln. Dabei mit den Händen den Teig immer nach außen drücken. Die Spitze gut andrücken, sonst reißt sie beim Backen auf.

Das Ei verquirlen und die Gebäckstücke damit bestreichen. Mit Kümmel oder Kreuzkümmel und grobem Salz bestreuen. Bei **180 °C** Ober- und Unterhitze etwa **15 bis 20 Minuten** backen.

Nimm vier Seidel Mehl, schneide 4 Lot frische Butter hinein, füge zwei große Seidel lauwarmer Sahne und 3 Löffel Hefe hinzu und knete daraus einen Teig, gib die feingehackte Schale einer halben Zitrone, ein halbes Lot gestoßenen Zucker und etwas gestoßenen Ingwer dazu und lass es etwas aufgehen; falls du in Eile bist, kannst du den Teig auch sogleich salzen, gib ihn auf ein bemehltes Nudelbrett und forme Stangen oder Semmeln. Lege sie auf ein gefettetes Papier und dann auf das Blech, bestreiche sie mit Ei, bestreue sie mit Salz und Kümmel und lass sie schön goldgelb backen.

(Rezept von M. D. Rettigová von 1826)

Würzige Suppen

Rinderbrühe

1 kg Rinderkochfleisch mit Knochen (Querrippe, Suppenfleisch)

12 Pimentkörner

12 Pfefferkörner

2 Lorbeerblätter

2 TL Salz

300 g Wurzelgemüse (Möhren, Sellerie, Petersilienwurzel) oder 4 EL getrocknetes Suppengemüse

1 – 2 Zwiebeln

(1 – 2 Knoblauchzehen)

Das Fleisch kalt waschen. In einem großen Topf (4 Liter) das Fleisch in 2 1/2 Liter kaltem Wasser aufsetzen. Aufkochen lassen. Eventuell sich bildenden Schaum mit der Schaumkelle abheben. Salz, Lorbeerblätter, Piment- und Pfefferkörner dazugeben. Abgedeckt bei geringer Temperatur etwa **2 1/2 bis 3 1/2 Stunden** (je nach Dicke des Fleisches) leicht köcheln lassen. Zwiebeln (und Knoblauch) und getrocknetes Suppengemüse nach **1/2 Stunde** dazugeben. Frisches Suppengemüse erst **1/2 Stunde** vor Ende der Garzeit. Während des Garens immer wieder etwas kaltes Wasser angießen. Die fertige Brühe abgießen.

Das Fleisch kann als Suppeneinlage oder für Salate verwendet werden. Es wird auch gern mit Meerrettich- oder Gurkensoße und Knödeln gereicht.

Rinderbrühe können Sie auch aus Fleischknochen (und 1 bis 2 Markknochen) zubereiten.

Rinderbrühe mit Fleisch und Nudeln

Für 4 bis 6 Portionen

etwas gekochtes Rindfleisch

125 g Möhren

(Porree oder Frühlingslauch)

80 – 100 g Suppennudeln

1 l Rinderbrühe, (Salz)

gehackte Petersilie

Das gare Suppenfleisch in feine Streifen schneiden. Die geputzten Möhren sehr fein würfeln. Lauch in feine Streifen oder Ringe schneiden. Die Nudeln separat nach Rezeptvorschrift kochen oder frische Nudeln zubereiten (Seite 53).
Die Fleischbrühe aufkochen, eventuell noch salzen. Gemüse und Fleisch etwa **1 bis 3 Minuten** in der Brühe garen. Nudeln abgießen, abtropfen und zur Brühe geben. Kurz durchziehen lassen. Mit Petersilie bestreuen und servieren.

Jahreszeitlich werden auch Spargelstücke oder zarte Erbsen als Einlage verwendet.
Rinder- oder Hühnerbrühe mit hausgemachten Suppennudeln, Leberklößchen, Eierstich und Petersilie ist eine beliebte Hochzeitssuppe (Svatební polévka).

Fotos Seite 21: Riesengebirge und Riesengebirgssauersuppe (siehe Seite 28)

Traditionell wird die Suppe als klare Brühe mit Kartoffelstückchen und reichlich geriebenem oder gepressten Knoblauch gereicht. Dazu gibt es in Schmalz geröstete Brotwürfel. Je nach Region wird zusätzlich mit Kümmel oder fein gerebeltem Majoran gewürzt.

Knoblauchsuppe (Česnečka)

Für 4 Portionen

- *200 – 250 g festkochende Kartoffeln*
- *8 – 12 Knoblauchzehen*
- *1 EL Schmalz*
- *1 l Rinderbrühe*
- *1 EL gerebelter Majoran*
- *Pfeffer, gemahlener Kümmel*
- *Salz*

Zum Bestreuen:

- *gehackte Petersilie, Schnittlauchröllchen, Majoranblättchen*
- *Schmalz, Öl oder Butter*
- *2 – 3 Scheiben Misch- oder Roggenbrot*
- *(60 – 80 g Emmentaler oder Edamer Käse)*

Kartoffeln schälen, in Würfelchen schneiden und in etwas Salzwasser halbgar kochen. Knoblauch schälen. Schmalz im Suppentopf erwärmen und die Hälfte der Knoblauchzehen fein gehackt oder gepresst darin leicht anschwitzen. Sie sollen aber keine Farbe annehmen. Die Brühe angießen. **5 Minuten** köcheln lassen. Die halbgaren Kartoffelwürfelchen und den Majoran zur Suppe geben. Kochen lassen, bis die Kartoffeln weich sind. Mit Pfeffer (gemahlenem Kümmel) und Salz würzen. Herd abschalten. Den restlichen Knoblauch pressen und in die Suppe geben. Kurz ziehen lassen. Mit frischen Kräutern bestreuen.
Die Brotscheiben in Würfel schneiden und in heißem Schmalz knusprig braten. Gerne werden sie zusätzlich gesalzen. Die Suppe auf den Tellern mit Röstbrotwürfeln bestreuen.

Wer möchte, kann vor dem Angießen der Suppe einige Würfel Edamer oder Emmentaler Käse auf die Teller geben.
Kurz vor Ende der Garzeit zugefügte Möhren- und Porreestreifen sorgen für mehr Farbigkeit.

Sauerkrautsuppe *(Zelňačka)*

40 g Speck
200 g Kartoffeln
200 g Sauerkraut
1 l Fleischbrühe
1 kleine Zwiebel
1 – 2 TL Paprikapulver, edelsüß
2 Knoblauchzehen
1 Lorbeerblatt, (1/2 TL Kümmel)
Salz, Pfeffer
saure Sahne

Mehlschwitze:
20 g Butter
20 g Weizenmehl

Speck fein würfeln und im Suppentopf bei niedriger Temperatur langsam auslassen. Kartoffeln schälen und würfeln, Sauerkraut eventuell etwas klein schneiden. Brühe erhitzen. Zwiebel schälen, würfeln und im Speckfett anschwitzen. Paprikapulver unterrühren und heiße Brühe angießen. Kartoffeln, Sauerkraut und Lorbeerblatt dazugeben und weich kochen. Mit frisch gepresstem Knoblauch, Salz und Pfeffer (und frisch gemahlenem Kümmel) abschmecken. Mit saurer Sahne servieren.

Wer Kümmel mag, kann zusammen mit dem Lorbeerblatt 1/2 TL Kümmel in den Topf geben.
Die Suppe wird gern mit heller Mehlschwitze gebunden. Dafür 20 g Butter in einer Pfanne erhitzen, 20 g Mehl darin anschwitzen, etwas Brühe angießen. Gut rühren und etwas köcheln lassen. Etwa 10 Minuten vor Ende der Kochzeit unter die Suppe rühren. Für stärkere Bindung die Zutatenmenge erhöhen, immer im Verhältnis 1:1 von Mehl und Butter.

Böhmerwald-Kartoffelsuppe

20 – 30 g getrocknete Pilze (gemischte Waldpilze oder Champignons)
500 g Kartoffeln
300 g Wurzelgemüse (Möhren, Sellerie, Petersilienwurzel)
2 Zwiebeln
2 – 3 Knoblauchzehen
(Kümmel)
1 – 2 EL Schmalz oder Öl
2 EL Weizenmehl Type 550
3/4 l Rinderbrühe
1 – 2 Lorbeerblätter
Salz
(200 – 250 g klein geschnittenes Rinderkochfleisch)
Liebstöckel
Pfeffer
Majoran

Die getrockneten Pilze abspülen und **1 bis 2 Stunden** in Wasser einweichen. Abtropfen lassen und klein schneiden. (Flüssigkeit kann aufgefangen und zur Suppe gegeben werden.)
Die geschälten Kartoffeln und das geputzte Wurzelgemüse in gleich große Stückchen schneiden. Zwiebeln und Knoblauch schälen und würfeln.
Schmalz in den Topf geben, Zwiebel und Knoblauch (und Kümmel) darin anschwitzen, das Mehl darüber streuen und hell bräunen. Unter ständigem Rühren nach und nach heiße Brühe angießen. Aufkochen, dann noch 1/2 Liter Wasser hinzufügen. Kartoffelwürfelchen, Pilze und Lorbeerblatt dazugeben. Das Wurzelgemüse, damit es nicht zu weich wird, etwa **10 Minuten** später zugeben. Salzen. Insgesamt etwa **30 Minuten** sanft kochen lassen. Gegen Ende der Garzeit das Fleisch und den fein gehackten Liebstöckel dazugeben (und je nach Vorliebe noch frisch gepressten Knoblauch). Kurz aufkochen. Mit Pfeffer und Majoran abschmecken.

Verwendet man frische Pilze (ca. 150 - 200 g) für die Suppe, werden sie separat in etwas Öl angebraten, mit Wasser abgelöscht, 10 Minuten gedünstet und dann in die Suppe gegeben.
Wird nur Wasser anstelle Brühe verwendet, dann etwas mehr Schmalz oder Öl verwenden.

Kartoffelsuppen werden auf vielfältige Weise zubereitet: Mit Rauchfleisch- oder Knochenbrühe, mit Sahne oder nur mit Wasser oder Gemüsebrühe. Neben Wurzelgemüse kommen Kohl, Blumenkohl, Rosenkohl oder Lauch hinzu, gelegentlich auch gekochte Gerstengraupen.

Oder man kocht eine sämige Kartoffelsuppe, wie sie in Sachsen beliebt ist. Dafür werden die Kartoffeln gestampft. Sie unterscheidet sich von der erzgebirgisch-sächsischen Kartoffelsuppe eigentlich nur durch das kräftige Würzen mit klein geschnittenem Liebstöckel, was der Suppe den charakteristischen „Maggi-Geschmack" verleiht.

Saure Suppen *mit Pilzen und Kartoffeln gibt es in großer Vielfalt. Für das Riesengebirge und das Isergebirge ist die Brotteigsuppe „Kyselo" typisch, bekannt als Riesengebirgssauersuppe (Krkonošské kyselo) und Isersauersuppe (Jizerská kyselá polévka). Ursprünglich wurden sie mit Sauerteig gebunden, der beim Brotbacken übrig war.*

Die weiße Kartoffel-Pilz-Suppe (Kulajda) wurde ursprünglich mit sauer gewordener Milch zubereitet. Heute wird für die Suppe saure oder süße Sahne verwendet. Und je nach Jahreszeit wird sie mit getrockneten oder frischen Pilzen zubereitet.

Kartoffel-Pilz-Suppe *(Kulajda)*

Für 4 bis 6 Portionen

30 – 40 g getrocknete Waldpilze (oder Champignons)
400 – 500 g Kartoffeln
1 – 2 geputzte Zwiebeln (etwa 80 g)
3 EL Butter, 2 – 3 EL Mehl
1 l Rinder- oder Gemüsebrühe
3 Lorbeerblätter, 6 Pimentkörner
Salz, Pfeffer
4 – 6 Eier
250 ml Schlagsahne oder saure Sahne
2 EL Weißweinessig, (1 EL Zucker)
Dill

Getrocknete Pilze waschen und mindestens 2 Stunden – besser über Nacht – in lauwarmem Wasser (im Verhältnis 1:10) einweichen. Beim Abgießen das Wasser auffangen.

Kartoffeln schälen und in Würfel schneiden. Die abgetropften Pilze in mundgerechte Stücke schneiden. Zwiebel schälen und klein schneiden.

Die Butter im Suppentopf schmelzen, Zwiebel hell anschwitzen und das Mehl unterrühren. Etwas heiße Brühe angießen. Gut verrühren. Unter Rühren nach und nach die gesamte Brühe angießen.

Kartoffeln, Pilze, Pilzwasser, Lorbeerblätter und Pimentkörner zur Suppe geben. Salzen und pfeffern. 20 bis 25 Minuten kochen lassen, bis die Kartoffeln gar sind.

Zwischendurch die Eier kochen.

Die Sahne mit einer kleinen Kelle heißer Suppe verrühren und in den Topf geben. Erhitzen, aber nicht aufkochen. Mit Essig und Zucker, Pfeffer und Salz abschmecken. Wird saure Sahne verwendet, entfällt der Essig. Die Suppe sollte cremig sein und leicht süß-sauer schmecken.

Kulajda mit frischen Pilzen

Die Rübezahl-Statue von Ladislav Šaloun im Smetana-Park in Hořice

Mit klein geschnittenem Dill und je zwei Eihälften in Suppentellern servieren. Dazu geröstetes Brot reichen.

Variante mit frischen Pilzen:
Dafür werden 300 bis 400 g Waldpilze oder Champignons benötigt. Die Pilze putzen, in mundgerechte Stücke – Champignons in Scheibchen – schneiden und mit etwas Butter in einem Topf anrösten. 250 bis 300 ml Wasser angießen. Kurz aufkochen und mit den Kartoffeln in den Suppentopf geben.

Fleischgerichte und warme Soßen

Für böhmisches ***Wirtshausgulasch*** *braucht man die gleiche Menge Zwiebeln wie Fleisch, edelsüßes Paprika, Tomatenmark, Knoblauch, Majoran, Fleischbrühe, Pfeffer und Salz. Und je nach Vorliebe würzt man das Fleisch auch mit Kümmel und scharfem Paprikapulver.*

Die Zubereitung braucht drei Tage, weshalb es sinnvoll ist, eine größere Menge zu kochen und einen Teil davon einzufrieren.

Böhmisches Wirtshausgulasch

- *1,5 – 2 kg Rinderwade oder -nachwade (Rosenstück)*
- *1,5 – 2 kg Zwiebeln*
- *4 – 8 Knoblauchzehen*
- *3 – 4 geh. EL Schweineschmalz (Öl oder Butterschmalz)*
- *4 – 6 EL Tomatenmark*
- *(1 – 2 EL Kümmel)*
- *Salz, Pfeffer*
- *1 1/2 – 2 EL getrockneter Majoran*
- *2 – 3 EL Paprika, edelsüß*
- *ca. 1 l Rinderbrühe*

Wer einen Teil vom Fleisch einfrieren möchte, kann das bereits nach dem ersten Abkühlen tun.

Rindfleisch von der Wade und auch das Rosenstück ist von gallertartigen Sehnen durchzogen. Diese lösen sich durch die lange Schmorzeit auf, geben der Soße Bindung und halten das Fleisch saftig. Das Fleisch mit Fett und Sehnen in große Würfel (etwa 4 cm x 4 cm x 4 cm) schneiden. Die Zwiebeln schälen und klein schneiden. Knoblauchzehen schälen und hacken.

Zuerst (am besten in 2 Portionen) im Bräter oder Schmortopf in etwas Schmalz das Fleisch ringsum anbraten. Herausnehmen und in einer Schüssel beiseite stellen.

1 bis 2 EL Schmalz in den Bräter geben, die Zwiebeln mit 1 TL Salz würzen und golden braten. Knoblauch und Tomatenmark (und Kümmel) etwas mitschmoren. Das Fleisch dazugeben und mit Pfeffer, Paprika und Majoran würzen. Etwas schmoren. Mit heißer Brühe ablöschen. Soviel Brühe bzw. Wasser angießen, dass das Fleisch knapp bedeckt ist.

In der Röhre bei **100 °C** Umluft oder **120 °C** Ober- und Unterhitze abgedeckt **3 bis 4 Stunden** köcheln lassen, bis das Fleisch weich ist. Dabei gelegentlich umrühren. Falls erforderlich, etwas Flüssigkeit nachgießen.

Abkühlen, am **nächsten Tag** erhitzen und abschmecken. Eventuell auch schon genießen. Ansonsten erneut abkühlen, am **dritten Tag** erhitzen, abschmecken und mit Knödeln servieren.

Böhmischer Lendenbraten *(Svíčková)* – Rinderbraten mit Sahnesoße

Für 4 bis 6 Portionen

1 – 1,2 kg falsche Lende oder Tafelspitz
60 – 80 g dünne Speckstreifen
400 – 500 g geputztes Wurzelgemüse (Möhren, Sellerie, Petersilienwurzel oder Pastinake)
120 – 140 g Zwiebeln
3 Lorbeerblätter
8 – 10 Pfefferkörner
8 – 10 Pimentkörner
3 Wacholderbeeren
(1 Msp. Ingwer, gemahlen, etwas Thymian)
80 g Butterschmalz
Salz, Pfeffer
1/2 l Rinderbrühe oder Wasser
200 – 250 ml Schlagsahne
(1 EL Mehl)

Ein oder zwei Tage vor dem Kochen das Fleisch parieren (Sehnen, Silberhaut und äußeres Fett abschneiden – kann für Zubereitung von Brühe genutzt werden). Dann das Fleisch mit dünnen Speckstreifen spicken.

Das Wurzelgemüse in kleine Würfel schneiden, Zwiebel häuten und klein schneiden und zusammen mit Lorbeer, Piment, Pfefferkörnern, Wacholderbeeren, (Thymian) und dem Fleisch in ein passendes Gefäß mit Deckel geben. (Das Fleisch mit Ingwer bestreuen.) 60 g Butterschmalz erhitzen und über das Fleisch gießen. Abgedeckt **mindestens 24 Stunden** kaltstellen.

Das Fleisch herausnehmen, salzen und pfeffern und im Bräter oder Schmortopf mit dem restlichen Butterschmalz rundum anbraten. Herausnehmen, das marinierte Gemüse leicht anbraten. Das Fleisch dazugeben, heiße Brühe oder heißes Wasser angießen und im vorgeheizten Herd abgedeckt bei **175 °C** Ober- und Unterhitze **1 1/4 bis 1 1/2 Stunden** garen. Dabei das Fleischstück mehrfach mit der Bratflüssigkeit übergießen.

Ist der Braten gar, sollte er im abgeschalteten Herd auf einer vorgewärmten Platte etwas ruhen.

Die Lorbeerblätter und wenn möglich auch die Gewürzkörner entnehmen. (Wer möchte, kann jetzt für die Bindung 1 EL Mehl, das in etwas Wasser verrührt wurde, angießen.) Bratflüssigkeit und Gemüse etwa **10 Minuten** köcheln lassen. Falls erforderlich, etwas Wasser angießen. Gemüse zerdrücken oder pürieren und alles durch ein Sieb in den Soßentopf streichen. Die Soße auf-

Zum Abschmecken:

- *1 – 2 TL Dijonsenf*
- *Saft von 1/2 Zitrone oder etwas Weinessig*
- *Preiselbeerkompott*
- *1 Zitrone*
- *Schlagsahne*

kochen, Sahne angießen und kurz aufkochen. Mit Salz, Pfeffer, etwas Zitronensaft und je nach Vorliebe 1 bis 2 TL Senf und 1 Prise Zucker abschmecken.

Das Fleisch in dünne Scheiben schneiden und mit Soße, Zitronenscheibe, Preiselbeeren und Schlagsahne anrichten. Dazu böhmische Semmel- oder Hefeknödel servieren.

Klassisch wird der Braten gespickt, damit er saftig bleiben soll. Ich verzichte allerdings auf das Spicken. Wer möchte, schmort mit dem Gemüse noch 1 bis 2 EL Tomatenmark.

*„Svíčková na smetaně" (**Lendenbraten auf Rahm**), kurz „Svíčková", gehört zu den traditionellen Gerichten der böhmischen Küche. Ursprünglich wurde Rinderlende (Svíčková) für den nur zu besonderen Anlässen zubereiteten Schmorbraten verwendet, heute ist es üblich, dafür preiswerteres Bratenfleisch vom Rind zu verwenden. (Rinderlende ist für langes Garen zu schade und auch zu teuer.) Für die Soße passiert man das mit dem Fleisch geschmorte Gemüse und kocht es mit Sahne auf. Der Braten wird in vielen Varianten zubereitet und beim Genussfestival in Litomyšl zu Ehren der berühmten Kochbuchautorin Magdaléna Dobromila Rettigová geht es immer auch um „Svíčková na smetaně" (ebenfalls reizvoll UNESCO-Weltkulturerbe-Schloss Litomyšl, Abb. Seite 30 oben).*

Gebratenes Eisbein (Foto S. 35)

Für 4 bis 6 Portionen

1,5 – 2 kg ungepökelte Schweinehaxe(n)

2 – 3 Lorbeerblätter

8 – 10 Pimentkörner

8 – 10 Pfefferkörner

150 – 200 g Wurzelgemüse, geputzt

2 – 3 Zwiebeln (100 g)

6 – 8 Knoblauchzehen

(1 TL Kümmel)

Salz

ca. 1/2 – 3/4 l Brühe zum Begießen

Am Vortag das Eisbein (Schweineknie, Haxe) mit Lorbeerblättern, Pfeffer- und Pimentkörnern, Zwiebeln und grob geschnittenem Wurzelgemüse in Salzwasser etwa **75 bis 120 Minuten** sanft kochen. Die Kochzeit richtet sich danach, ob es sich um eine große Haxe oder mehrere kleinere Stücke handelt.

Den Backofen auf **180 bis 200 °C** vorheizen. Das Eisbein aus dem Topf nehmen. Ungefähr 1/2 bis 3/4 Liter der Kochbrühe mit dem Gemüse und den Zwiebeln in eine hohe Pfanne oder einen Bräter geben. Knoblauch schälen, fein hacken und mit etwas Salz verreiben. Die Haut des Eisbeins ringsum streifenförmig einschneiden und mit der Knoblauch-Salz-Mischung bestreichen, dabei die Masse leicht in die Einschnitte drücken. Je nach Vorliebe das Eisbein noch mit etwas Kümmel bestreuen oder übermahlen. Das gewürzte Fleisch im offenen Bräter etwa **60 Minuten** backen. Dabei mehrfach mit Brühe aus dem Bräter übergießen. Zum Garzeit-Ende die Temperatur erhöhen, damit eine knusprige Kruste entsteht. Achtung: Verbrennt leicht!

Die Brühe mit dem Gemüse durch ein Sieb streichen, falls erforderlich noch etwas reduzieren, und als Soße reichen.

Das Fleisch serviert man gern mit Semmel- oder Kartoffelknödeln und Kraut bzw. Spinat oder mit Brot und Gewürzgurken oder sauer eingelegtem Gemüse. Dazu werden Senf und frisch geriebener Meerrettich oder Sahnemeerrettich gereicht. Ein gutes Bier darf nicht fehlen.

Eisbein aus dem Backofen, mit Schwarzbiersoße

Zutaten wie Seite 34

statt Brühe ca. 1/2 l Schwarzbier zum Begießen

Eine andere Möglichkeit ist, das Eisbein im Bräter im Ofen zuzubereiten. Gern wird dabei anstelle von Brühe oder Wasser auch Schwarzbier oder ein Bier-Wasser-Gemisch angegossen.

Backofen auf **180 bis 200 °C** vorheizen. Die Schwarte des Fleisches mit einem scharfen Messer anschneiden, mit Salz, Knoblauch (und Kümmel) würzen.

Eisbein in den Bräter legen, restliche Gewürze, klein geschnittene Zwiebeln und zerkleinertes Wurzelgemüse darüber verteilen, soviel Wasser oder Schwarzbier (oder ein Gemisch) angießen, dass das Fleisch ungefähr zur Hälfte bedeckt ist. Etwa **90 bis 120 Minuten** bei geschlossenem Deckel garen. Dabei mehrfach wenden und begießen. Bei Bedarf noch Flüssigkeit zugeben.

Den Deckel abnehmen und das Fleisch noch **30 bis 45 Minuten** knusprig backen. 1- bis 2-mal begießen. Das Eisbein auf eine vorgewärmte Platte legen.

Lorbeerblätter aus der Soße nehmen, das Gemüse mit dem Kartoffelstampfer zerdrücken und die Soße durch ein Sieb streichen. Reduzieren oder mit etwas kalt angerührtem Mehl binden.

Znaimer Gulasch

500 g Rind- oder Schweinefleisch

1 Zwiebel

2 Knoblauchzehen

40 – 50 g Schmalz oder Öl

Salz, Pfeffer

Paprika, Kümmel, Majoran

2 gestrichene EL Mehl

2 EL Butter

4 – 5 saure Gurken oder Gewürzgurken

1 Fleischtomate

Das Fleisch in etwa 3 cm x 3 cm x 3 cm große Würfel schneiden. Zwiebel schälen und klein schneiden, Knoblauch schälen und hacken. Schmalz oder Öl im Schmortopf erhitzen. Die Zwiebel leicht anrösten. Das Fleisch dazugeben. Mit Paprika überstäuben, Knoblauch zugeben und umrühren. Kurz durchschwitzen, mit gemahlenem Kümmel, Pfeffer und Salz würzen. Soviel Wasser angießen, dass das Fleisch gerade bedeckt ist. Schmoren, bis das Fleisch fast gar ist.

Mit brauner Mehlschwitze binden: Dafür in einer Kasserolle das Mehl in der Butter anrösten, mit 1/4 Liter heißem Wasser angießen und gut verrühren. Die Mehlschwitze zum Fleisch geben. Umrühren und aufkochen. Falls erforderlich, noch etwas heißes Wasser angießen.

Zwischendurch die Tomate mit kochendem Wasser übergießen und die Schale abziehen. Die Gurken und die Tomate klein schneiden und zum Gulasch geben. Noch **10 bis 15 Minuten** mitkochen lassen. Mit Majoran würzen und nochmals abschmecken.

Dazu Knödel servieren.

***Znaimer Einlegegurken** aus Südböhmen waren weltberühmt und wurden um 1900 als saure Gurken bis Amerika exportiert. Heute steht der Name nur dafür, dass ein Gericht mit Gurke zubereitet wird. Die Znaimer Gurke wurde inzwischen in die Arche Noah der seltenen Gemüsesorten aufgenommen. www.arche-noah.at*

Schweinefleisch war schon immer ein wichtiger Bestandteil der böhmischen Küche. Schweinebraten, serviert mit Knödeln und Kraut, gilt als „böhmisches Nationalgericht". Im Kochbuch von Gabriela Triwaldová von 1885 heißt es dazu: „Dieser Braten ist so allgemein, daß es nicht nothwendig ist darüber zu schreiben."

Schweinebraten mit Knödeln und Kraut *(Vepřo-knedlo-zelo)*

600 g Schweinefleisch (Schulter oder Kamm)

Salz, Kümmel (alternativ Thymian)

20 – 30 g Schweineschmalz

2 – 3 Knoblauchzehen

Das Fleisch mit Salz und Kümmel (oder getrocknetem Thymian) würzen und im heißen Schmalz rundum anbraten. Die Knoblauchzehen andrücken und dazugeben. Etwas heißes Wasser angießen und das Fleisch auf niedrigster Stufe abgedeckt braten. Dann und wann heißes Wasser angießen und das Fleisch wenden. Nach etwa **75 Minuten** ist der Braten fertig. Den Herd abschalten und den Braten etwas ruhen lassen, dann aus der Pfanne nehmen und zum Servieren in schöne Scheiben schneiden.

Mit dem Bratensaft eine kräftige Soße zubereiten. Dafür Fleischbrühe oder Wasser angießen, gut durchrühren und die Soße evtl. mit brauner Mehlbutter binden.

Zum Schweinebraten böhmische Knödel – aus Kartoffelteig oder Hefeteig – reichen und Sauerkraut oder süß-sauren Weißkohl mit Röstzwiebeln (Seite 61).

Schweinekrustenbraten Prager Art

Für 8 Portionen

1,5 – 1,8 kg Schweinebraten mit Schwarte (Unterschale, Nacken)

Salz, Pfeffer

(1 EL Kümmelsamen oder getrockneter Thymian)

10 Pimentkörner

1 Lorbeerblatt

250 g geputztes Wurzelgemüse (Möhren und Sellerie)

250 g geschälte Zwiebeln

1 EL Schmalz

1/4 l dunkles Bier (Schwarzbier)

(1 EL kalte Butter)

Eignet sich auch vorzüglich für Bratenaufschnitt. Mit Brot, Senf, Sahnemeerrettich und Gewürzgurken servieren.

Mit einem scharfen Messer die Schwarte des Bratens rauten- oder würfelförmig einschneiden. Dabei nicht ins Fleisch schneiden. Das Fleisch **1 bis 2 Stunden** mit der Schwartenseite in eine flache Schale mit Wasser legen. Den Braten abtrocknen. Das Fleisch – mit Ausnahme der Schwarte – kräftig salzen und etwas pfeffern. Von allen Seiten mit Kümmel oder Thymian würzen.

Den Braten mit der Schwarte nach unten in einen Bratentopf oder Bräter legen. 350 ml Wasser angießen, Pimentkörner und Lorbeerblatt dazugeben. Im Backofen bei **200 °C** Ober- und Unterhitze ohne Deckel **75 bis 80 Minuten** backen. Dabei gelegentlich übergießen. Bei Bedarf auch Wasser angießen.

Zwischenzeitlich das Gemüse und die Zwiebeln in Würfelchen schneiden. In einer Pfanne 1 EL Schmalz erhitzen und das Gemüse leicht anrösten und etwas salzen.

Das Fleisch wenden und das Gemüse dazugeben. Die Schwarte salzen. 200 bis 300 ml heißes Wasser angießen. Weitere **60 bis 75 Minuten** im Ofen goldbraun und knusprig braten. Dabei mehrmals mit Bier bepinseln. Etwa **30 Minuten** vor Ende der Garzeit den Ofen auf **200 °C** Oberhitze stellen. (**Tipp:** Den Krustenbraten an dieser Stelle mit Salzwasser einpinseln, das macht die Schwarte schön knusprig.)

Den Braten auf eine vorgewärmte Platte legen und (im abgeschalteten Herd) etwas ruhen lassen.

Mit einem Löffel Lorbeerblatt und Pimentkörner entfernen. Gemüse zerdrücken oder pürieren und die Soße durch ein Sieb in eine Kasserolle streichen. Abschmecken und je nach Vorliebe noch mit 1 EL kalter Butter aufschlagen. Braten in Scheiben schneiden und mit Soße, Kraut und Knödeln servieren.

Gebackene Ente

1 Ente, ca. 2 – 2,5 kg
Salz, Kümmel (Thymian oder Kreuzkümmel)
Stärkemehl
Pfeffer

Langsames Backen sorgt dafür, dass das Fleisch saftig bleibt.

Die Ente vorbereiten: Flügelspitzen und Hals abschneiden (für Brühe nutzen). Innereien entnehmen. Bürzel herausschneiden. Die geputzte Ente innen und außen waschen, trocken tupfen und innen und außen mit Salz einreiben und mit gemahlenem oder ganzen Kümmel würzen (wer keinen Kümmel mag, kann Thymian verwenden). Kühlgestellt **24 Stunden** durchziehen lassen.
Etwa **1 Stunde** vor dem Backen die Ente bei Zimmertemperatur entspannen lassen.
Den Backofen auf **130 °C** vorheizen. Die Ente mit Küchengarn in Form bringen und mit der Brust nach unten in den Bräter legen. Soviel Wasser angießen, dass es etwa 3 cm Höhe erreicht.
Die Ente im abgedeckten Bräter etwa **2 bis 3 Stunden** backen lassen. Dabei mehrmals wenden. Bei Bedarf heißes Wasser angießen. Die Haut, besonders an den Keulen, etwas einstechen, damit sich das Schmalz besser löst. Fett abschöpfen.
Ist die Ente gar, wird sie im offenen Bräter – mit der Brustseite nach oben – bei **180 °C** Ober- und Unterhitze noch knusprig gebraten, dabei mehrmals begießen.
Die Ente auf eine Platte legen und im abgeschalteten Herd ruhen lassen.
Den Bratensaft mit etwas Brühe (vom Entenklein) oder heißem Wasser angießen, dabei auch das Angebratene vom Rand ablösen, aufkochen und durch ein Sieb in den Soßentopf abgießen. Eventuell entfetten und mit etwas kalt angerührter Stärke binden. Soße mit Pfeffer und Salz abschmecken.

Was in Frankreich der Beaujolais ist in Tschechien inzwischen der **St. Martinswein** *(Svatomartinské víno). Der junge Wein der neuen Ernte wird am 11. November, dem Namenstag des Heiligen Martin, vielerorts festlich präsentiert und reichlich ausgeschenkt. Bis Ostern muss er schließlich ausgetrunken sein. Auch die Martinsgans wird mit dem jungen Wein angegossen.*

Martinsgans *(Svatomartinská husa)*

Für 4 bis 8 Personen

1 Gans, ca. 3,5 - 4,5 kg

Kümmel (oder getrockneter Thymian)

Salz

3 Äpfel, 1 Birne

1 Thymianzweig

250 ml Weißwein (leichte, fruchtige Qualität) oder in Tschechien St. Martinswein

Pfeffer

Die Martinsgans wird vorbereitet und zubereitet wie die gebackene Ente, also mit den Gewürzen ausgerieben. Weil sie größer ist, sollte sie vor dem Backen allerdings etwa **2 Stunden** bei Zimmertemperatur entspannen. Die Bauchhöhle der Gans noch mit Apfel- und Birnenstücken und dem Thymianzweig füllen. Öffnung verschließen.

Mit der Brust nach unten in den Bräter legen. Martinswein angießen (oder Weißwein).

Dann die Gans (wie für die Ente beschrieben) bei **130 °C**, allerdings wegen der Größe etwa **3 bis 4 Stunden**, im abgedeckten Bräter backen.

Schließlich ohne Deckel etwa **20 bis 40 Minuten** bei **180 °C** goldbraun und knusprig backen.

Die Gans vor dem Zerlegen etwas ruhen lassen. Mit gebackenen Äpfeln, Rotkohl, Soße und Kartoffelknödeln (Rezept Seite 57) oder südböhmischen „Drbáky" (Rezept Seite 58) servieren..

Prager Schinken im Brotteig

500 – 600 g Prager Schinken (ohne Schwarte)

1/2 Würfel Hefe, 1 Prise Zucker

275 g Roggenmehl Type 1150

100 g Weizenmehl Type 1050

5g Roggen-Sauerteig-Extrakt (Pulver)

20 – 25 g frische Kräuter (= ca. 5 geh. EL gezupfte Kräuter z. B. Thymian, Estragon, Majoran, Oregano)

1 gestr. TL Salz

Roggenmehl fürs Brett und zum Bestäuben

Anstelle von Prager Schinken kann auch Kasseler verwendet werden.

Der Kochschinken wird gern in Brotteig gebacken oder mit Wurzelgemüse in Burgunder geschmort.

Den Schinken für etwa **3 Stunden** in lauwarmes Wasser legen. Dann abtrocknen.

Für den Brotteig die zerbröselte Hefe mit 50 ml lauwarmem Wasser und einer Prise Zucker verrühren und **10 Minuten** gehen lassen. Die Mehle, Salz und Sauerteig-Extrakt in der Backschüssel vermischen. Die Hefe zugeben und nach und nach noch etwa 200 ml Wasser. Alles sehr gründlich etwa **10 Minuten** mit der Küchenmaschine verkneten. Den Teig abgedeckt etwa **60 Minuten** gehen lassen, bis sich das Volumen verdoppelt hat.

Den Backofen auf **210 °C** Ober- und Unterhitze oder **200 °C** Umluft vorheizen.

Den Brotteig nochmals durchkneten und auf bemehltem Backbrett etwa 1 cm dick ausrollen zu einer Fläche etwa doppelt so groß wie der Schinken. Mit den gehackten oder kleingezupften Kräutern bestreuen. Den abgetrockneten Schinken auflegen und mit dem Brotteig ummanteln. Gut andrücken, dabei rundum bemehlen.

Das Blech mit Backpapier belegen und die Auflagefläche für den Schinken mit Mehl bestreuen. Den Schinken etwa **80 bis 90 Minuten** backen, bis der Brotteig braun geworden ist.

Noch **10 Minuten** im abgeschalteten Herd ruhen lassen.

Böhmische Platte
Besteht aus einer Zusammenstellung altböhmischer Fleischspezialitäten, wie Eisbein, Schweinebraten, gebackener Ente, gekochtem Rauchfleisch, verschiedenen Knödeln, Kartoffelpuffern und gerösteten Kartoffeln, böhmischem Weiß- und Rotkohlsalat und Knoblauchspinat. Bratensoße, Meerrettich und Senf werden dazu gereicht.

Gemüse-Sahne-Soße

- *500 g Wurzelgemüse (Möhren, Sellerie, Pastinake)*
- *100 g fein gehackte Zwiebel*
- *50 g Butterschmalz*
- *Salz, Pfeffer*
- *500 – 750 ml Rinder-, Geflügel- oder Gemüsebrühe*
- *2 Lorbeerblätter*
- *Piment- und Pfefferkörner*
- *200 ml Sahne*
- *Zitronensaft oder Weinessig*
- *1 Prise Zucker*

Sie gilt als Königin der Soßen und gehört zum Lendenbraten (Svíčková), kann aber auch separat zubereitet werden und passt auch zu gekochtem oder kurzgebratenem Fleisch und Knödeln.

Das geputzte und klein geschnittene Gemüse und die Zwiebel in Butterschmalz anrösten, dabei leicht salzen. Heiße Brühe angießen, Gewürze zugeben und etwa **60 Minuten** köcheln lassen. Lorbeerblätter entnehmen. Die Soße durch ein Sieb streichen und mit Sahne aufkochen. Mit Salz, Pfeffer, etwas Zitronensaft und einer Prise Zucker abschmecken.

Je nach dem Verhältnis der Anteile von Möhren, Sellerie, (Wurzelpetersilie oder Pastinaken) werden unterschiedliche Geschmacksnuancen erzielt.

Pilz-Sahne-Soße

400 g Pilze (Waldpilze oder Champignons)
1 – 2 Zwiebeln
75 g Butter oder Schmalz
Salz, Kümmel
2 EL fein gehackte Petersilie
40 g Weizenmehl Type 550
600 ml Rinder- oder Gemüsebrühe
200 ml Sahne oder Milch
weißer Pfeffer
Essig oder Zitronensaft
100 ml saure Sahne

Der Klassiker basiert auf einer Béchamelsoße, die mit Brühe/Milch und Sahne zubereitet wird.

Die Pilze putzen und klein (Champignons in dünne Scheiben) schneiden. Die Zwiebeln schälen, klein schneiden und in 25 g Butter anschwitzen, die Pilze dazugeben und mit Salz, 1 EL Petersilie (und gemahlenem Kümmel) würzen. **10 bis 15 Minuten** sanft garen. Eventuell etwas Wasser angießen.
Für die Béchamelsoße das Mehl in einem Topf mit der restlichen Butter bei niedriger Temperatur anschwitzen lassen. Kalte Brühe angießen. Mit dem Schneebesen gut verrühren und mindestens **10 Minuten** kochen lassen. Milch oder Sahne unterrühren. Aufkochen, die Pilze dazugeben und **10 Minuten** köcheln lassen. Mit Salz und Pfeffer, (gemahlenem Kümmel und Essig/Zitronensaft) abschmecken. Mit saurer Sahne verfeinern. Fein gehackte Petersilie aufstreuen.
Schmeckt zu Knödeln, Schnitzel, gebackenem Käse und Kurzgebratenem.

Gurkensoße

40 g Weizenmehl
40 g Butter
600 ml Rinder- oder Gemüsebrühe oder Milch
3 – 4 Gewürzgurken
Weißweinessig, 1 Prise Zucker
Salz, Pfeffer, Dill

Eine Béchamelsoße zubereiten: Das Mehl in einem Topf mit der Butter bei niedriger Temperatur anschwitzen lassen. Kalte Brühe angießen. Mit dem Schneebesen gut verrühren und die Soße **15 bis 20 Minuten** köcheln lassen. Die in feine Würfel geschnittenen Gewürzgurken unterrühren. Mit etwas Weißweinessig, einer Prise Zucker, Salz und frisch gemahlenem Pfeffer abschmecken. Vor dem Servieren klein gezupften Dill unterrühren und aufstreuen. Zu gekochtem Fleisch, Schweinebraten, Kotelett, Knödeln, Kartoffeln.

Meerrettichsoße

40 g Weizenmehl
40 g Butter
500 ml Fleischbrühe (Kochbrühe vom Eisbein)
30 – 40 g frisch geriebener Meerrettich
1 Eigelb, 2 EL Sahne
1 TL Zitronensaft
Salz, Pfeffer, 1 Prise Zucker

Eine Béchamelsoße zubereiten (siehe Gurkensoße). Etwa **15 bis 20 Minuten** köcheln lassen. Den Meerrettich unterrühren. Kurz aufkochen, dann beiseite stellen. Das Eigelb mit Sahne und Zitronensaft verschlagen und unter die Soße rühren. Mit Salz, Pfeffer und einer Prise Zucker abschmecken.
Passt zu Eisbein, gekochtem Rindfleisch, gekochtem Rauchfleisch oder Kasseler.
Wird die Soße mit Gemüsebrühe zubereitet, passt sie gut zu gekochtem und gebratenem Fisch.

Variante: 1 bis 2 EL Senf unter die Soße rühren.

Festtage und kulinarische Spezialitäten

*„**Masopust**" (Karneval) beginnt in Tschechien erst am 7. Januar, am Tag nach dem „Dreikönigstag" und wird mit Maskenumzügen, Bällen, Festen und reichlich Essen gefeiert: Mit süßen Krapfen, Buchteln und Kolatschen und deftigen Schlachtfest-Spezialiäten, wie Bratwurst, Sülze, Grützwurst und Griebenschmalz. Nach altem Brauch soll sich jeder ordentlich satt essen, bevor am Aschermittwoch die Fastenzeit beginnt.*

*Berühmt – und seit 2010 auf die Liste des immateriellen Kulturerbes der UNESCO eingetragen – sind die farbenfreudigen **Maskenumzüge im Gebiet Hlinecko** (in den Gemeinden Blatno, Hamry/Hammer, Studnice/Studnitz und Vortová). Sie folgen jahrhundertealten Traditionen und Regeln: Alle Masken werden von Männern dargestellt und jede hat eine bestimmte Rolle. Der Umzug hält vor jedem Haus und die maskierten Männer wünschen den Bewohnern Glück und Gesundheit, spielen, singen und tanzen. Gedankt wird ihnen dafür mit Sliwowitz (Pflaumenschnaps) und Krapfen.*

Masken-Männer zum Karneval in Studnice

Süßes Osterbrot

*Zum **Osterfest** gehören verzierte Eier, Eierspeisen und Suppen mit Kräutern, Osterbrot mit Rosinen und Mandeln und verzierte Lebkuchen. Am Ostersamstag wird der Osterhackbraten zubereitet mit geräuchertem Fleisch, Eiern, Semmeln und jungen Brennnessseln. Am Ostersonntag gibt es meist Lamm- oder Zickelbraten und ein gebackenes, süßes „Osterlamm". Mit reichlich Essen, Trinken und Blasmusik wird **Kirchweih** (Posvícení) begangen, das Fest zu Ehren des Schutzheiligen der Ortskirche.*

Foto Seite 45 unten: Adventszeit in Prag

Kupferberger Fest

(Kupprbacher Fest)

Ja, dos Fest zieht viele a,
jedr kimmt, dar halbwags ka,
denn aus jeder Haustürfuch
strömt dr feinste Festgeruch:
Schweinebrotn, Gans, Kaffee,
Sauerkraut un Kuchn un Tee.
Ei, wie schnuppern do de Gäst
ze dan Kupprbacher Fest!

Die ***Kirmes in Kupferberg*** *(Měděnec) wurde von dem dort geborenen Heimatdichter Reinhold Illing (1884 bis 1971) bedichtet. Die Geschichte des Ortes Kupferberg (Měděnec) ist eng mit dem Aufblühen und dem Niedergang des Bergbaus am Kupferhübel (Mědník) verbunden. Vrch Mědník (Kupferberg) ist Teil der UNESCO-Welterbe-Montanregion Erzgebirge/Krušnohoří.*

Der Kupferhübel mit der Bergkapelle und dem Mundloch des alten Stollens

Schön verzierte Lebkuchen

Der Christkind-Briefkasten in Boži Dar

Heiligabend *gehört in Tschechien traditionell noch zur Fastenzeit. Fischsuppe, panierter Karpfen und Kartoffelsalat sind seit dem 19. Jahrhundert typische Heiligabendgerichte.*

Am Abend findet auch die Bescherung statt: Das Christkind hat dann die Geschenke unter den Weihnachtsbaum gelegt. Der Briefkasten des Christkindes befindet sich in Gottesgab (Boži Dar) am Ausgangspunkt des Christkindlweges, der hier ganzjährig zum Wandern einlädt und an seinen insgesamt 13 Haltestellen neben kleinen Märchengeschichten – zum Lesen auf Tschechisch und Deutsch – auch vielfältige Aktivitäten für die Kinder bietet.

Kartoffelsalat für Heiligabend (und alle Tage)

Für 6 bis 8 Portionen

750 g festkochende Kartoffeln
4 Eier
300 – 350 g geputztes Wurzelgemüse (Möhren, Sellerie)
150 g Gewürz- oder Pfeffergurken
100 g junge Erbsen (TK oder Konserve)
200 g Mayonnaise
50 – 100 ml Gurkenbrühe
Pfeffer, Salz
2 TL Weißweinessig
1 Prise Zucker

Am Vortag die Kartoffeln mit Schale in Salzwasser kochen. Am nächsten Tag die Kartoffeln pellen und in kleine Würfel schneiden (kleiner als 1 cm x 1 cm x 1 cm). Die Eier in etwa **7 Minuten** hart kochen. Das geschälte Wurzelgemüse in Salzwasser bissfest garen. Kalt abschrecken. Fein würfeln. Die Eier schälen. Gewürzgurken und Eier ebenfalls in kleine Würfel schneiden. TK-Erbsen kurz in gesalzenem Wasser garen, abgießen und kalt abschrecken. (Konserven-Erbsen nur abgießen.) Alle Zutaten in einer großen Schüssel vorsichtig vermengen. Mayonnaise mit Gurkenbrühe verrühren, mit Pfeffer, Salz, Essig und einer Prise Zucker abschmecken und darüber gießen. Vorsichtig umrühren. Bei Bedarf noch salzen und pfeffern.
Kühl gestellt durchziehen lassen.

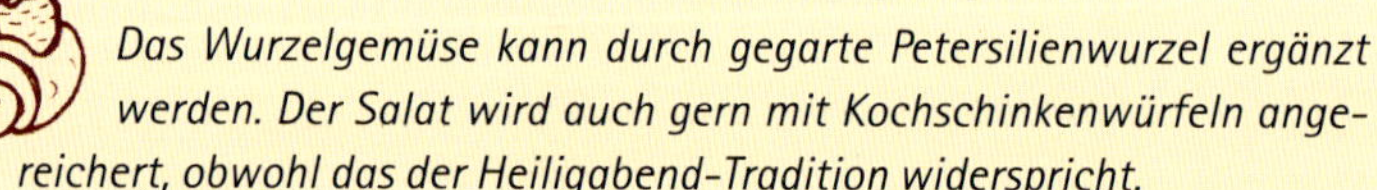

Das Wurzelgemüse kann durch gegarte Petersilienwurzel ergänzt werden. Der Salat wird auch gern mit Kochschinkenwürfeln angereichert, obwohl das der Heiligabend-Tradition widerspricht.
Dieser Kartoffelsalat eignet sich sehr gut als Auflage für belegte Schnittchen (Chlebičky; siehe Seite 14).
Für Kartoffelsalat sind festkochende Kartoffeln besonders gut geeignet. Eine ausgezeichnete Salatkartoffelsorte aus Tschechien heißt ‚Kerkauer Kipfler'.

Gebackener Karpfen

600 g Karpfenfilet (4 Portionen à 150 g)

Zitronensaft, Salz

60 – 80 g Weizenmehl Type 550

2 Eier (Größe S)

2 EL Milch

Semmelbrösel

Öl oder Butterschmalz zum Braten

(etwas Butter)

Zitrone

Zum Heiligabendessen wird gern Bier getrunken.

Die Filets mit Zitronensaft bestreichen und salzen. Im Kühlschrank **30 Minuten** ruhen lassen.

Drei tiefe Teller bereitstellen für Mehl, die mit Milch verquirlten Eier und die Semmelbrösel. Die Stücke zuerst in Mehl, dann in Ei und zuletzt in den Semmelbröseln wenden.

In einer tiefen Pfanne Butterschmalz oder Öl erhitzen. Die Karpfenstücke bei mittlerer Temperatur langsam von beiden Seiten goldgelb braten.

Je nach Vorliebe noch etwas Butter schmelzen und die Karpfenstücke vor dem Servieren damit beträufeln. Mit je einer Zitronenscheibe belegen.

Pilz-Kuba (Houbový kuba)

- *20 g getrocknete Pilze*
- *150 g Perlgraupen, mittel*
- *60 g Zwiebel*
- *4 – 5 Knoblauchzehen*
- *30 g Schweineschmalz (2 EL)*
- *(gemahlener Kümmel)*
- *Salz, Pfeffer, Majoran*

Die getrockneten Pilze abspülen und mehrere Stunden, am besten über Nacht, in 300 ml Wasser einweichen. Abgießen und ausdrücken, dabei das Pilzwasser auffangen. Die Pilze klein schneiden.
Die Gerstengraupen **1 1/2 Stunden** einweichen. Abspülen und in Salzwasser **25 bis 30 Minuten** garen. Abgießen und abtropfen lassen.
Zwischenzeitlich Zwiebel und Knoblauch schälen. Zwiebel würfeln. 25 g Schweineschmalz erhitzen. Die Zwiebelwürfelchen hell anschwitzen, klein geschnittene Pilze dazugeben, kurz anbraten, den gepressten (oder fein gehackten) Knoblauch unterrühren, (mit gemahlenem Kümmel würzen), und mit dem Pilzwasser ablöschen. Etwa **20 Minuten** köcheln lassen. Mit den gekochten Graupen vermengen und mit Majoran und Pfeffer aus der Mühle abschmecken.
Eine Auflaufform mit dem restlichen Schmalz ausstreichen und die Graupen-Pilz-Masse einfüllen.
Im vorgeheizten Herd bei **180 °C** Ober- und Unterhitze etwa **30 bis 35 Minuten** backen lassen.
Mit Sauergemüse oder einem Sauerkrautsalat servieren. Im Riesengebirge natürlich mit fermentiertem roten Spitzkohl.

Wie im sächsischen Erzgebirge haben auch in Böhmen Pilzgerichte eine lange Tradition, ganz besonders in waldreichen Gebirgsgegenden. Was im Erzgebirge die Schwammebrüh, die früher ein Heiligabendessen war, ist im Riesengebirge „Kuba“, ein Pilzgericht mit Graupen oder Grütze. Es kann auch gut kalt gegessen werden Und wer anstelle Schmalz Öl verwendet, hat sogar ein veganes Gericht.

*Der **Spitzkohl** ‚Vysocké' ist eine alte tschechische Regionalsorte und die einzige rote Spitzkohlsorte. Saatgut des tschechischen roten Kohls ist bei uns unter dem Namen „Kalibos" erhältlich. Sauerkraut vom roten Spitzkohl ist eine Spezialität aus dem Iser- und Riesengebirge. Herr und Gebieter über das Riesengebirge (seit 1963 Nationalpark) – und sein Beschützer – ist Krakonoš, der sagen- und märchenumwobene Berggeist Rübezahl. Nahe der höchsten Erhebung des Gebirges, der Schneekoppe, befindet sich Krakonošova zahrádka – „Rübezahls Gärtchen", ein Ort mit vielen seltenen Pflanzenarten.*

Milchsaurer Spitzkohl – rotes Sauerkraut
(Fermentierter Spitzkohl „Vysocké")

Pro 1 kg fein gehobeltem Kohl
20 g Salz

(Beim Fermentieren im Glas sind meist geringere Salzmengen erforderlich.)

Der milchsaure Spitzkohl schmeckt roh als Salat und als rotes Sauerkraut zu Enten- oder Gänsebraten und zu Wildgerichten. Er enthält reichlich Vitamin C, stärkt das Immunsystem und schützt so vor Krankheiten.

Für das Fermentieren größerer Mengen sind Gärtöpfe mit Wasserrand besonders gut geeignet, für kleinere Mengen gibt es spezielle Fermentiergläser. Die äußeren Blätter des Kohls entfernen. Ein oder zwei schöne Blätter zum Abdecken beiseite legen. Den Kohlkopf längs halbieren, den Strunk herausschneiden und den Kohl in feine Streifen hobeln oder schneiden.

Den Kohl mit Salz vermischen und **15 Minuten** durchziehen lassen, dann durchkneten (Einweghandschuhe anziehen) und lagenweise in das Gärgefäß füllen. Jedes Mal stampfen, bis der Saft über dem Kraut steht.

Mit den Kohlblättern abdecken und mit dem Stein beschweren. Bei Zimmertemperatur (**20 °C**) etwa **10 Tage** gären lassen. Steigen keine Bläschen mehr auf, den Gärtopf kühl stellen. Nach weiteren **10 bis 15 Tagen** ist der Kohl verzehrfertig. Um Verderb zu verhindern, bei der Entnahme stets auf größte Sauberkeit achten. Den Stein jedes Mal heiß abwaschen, abtrocknen und ausgekühlt auflegen. Ist der Flüssigkeitsstand zu niedrig, mit abgekochten, leicht gesalzenem Wasser (auskühlen lassen) auffüllen.

In der Zeit bis Hohneujahr wurde in der altböhmischen Küche genau wie im Erzgebirge Wert auf Speisen gelegt, die für Wohlstand und Glück sorgen sollten, weshalb quellende Speisen aus Erbsen, Linsen oder Hirse geschätzt wurden. Geflügel war als Neujahrsbraten verpönt – das Glück könnte wegfliegen.

Erbsen auf böhmische Art

400 g gelbe Erbsen
Salz
100 g Schweinespeck oder 60 g Butter
4 EL Semmelbrösel

Die Erbsen waschen und mit frischem Wasser aufsetzen. Die Erbsen dürfen den Topf nur knapp zur Hälfte füllen. Nun werden sie *„… zugedeckt und langsam gekocht; wenn sie halb weich sind, so nimmt man einen anderen so großen Topf, schüttet die obere Hälfte der Erbsen darein, salzt sie, schüttet die untere Hälfte der Erbsen darüber, gießt, wenn das Wasser verkocht ist, ein wenig warmes Wasser nach, salzt sie oben noch ein wenig und läßt sie vollends weich kochen; die Erbsen müssen butterweich, jedoch nicht zerkocht sein, so daß jedes Kerndel ganz ist; nun werden sie angerichtet, mit gelb gerösteten Schweinfett recht abgeschmalzen und mit schön resch* (= knusprig) *gebratenem Schweinbraten oder Schwein-Coteletten servirt.“* (Gabriela Triwaldová, 1885)

Erbsen haben eine Kochzeit von etwa **2 Stunden**. Erst gegen Ende der Kochzeit salzen. Weicht man sie über Nacht ein, verkürzt sich die Zeit. Die garen Erbsen mit ausgelassenem Speck und Grieben anrichten oder die Semmelbrösel in Butter rösten und über die Erbsen gießen.

Nach obigem Rezept werden auch Böhmische Linsen zubereitet. Ins Kochwasser kommt noch eine geschälte Zwiebel. Angerichtet werden sie mit in Butter oder Schmalz gerösteten Zwiebelwürfeln.

Böhmische Krautfleckerl

Für die Fleckerl (Suppennudeln):

250 g Hartweizenmehl (Pastamehl, doppelgriffiges Mehl)

2 Eier, Salz

Alle Zutaten zu einem glatten Teig verkneten. Falls erforderlich, löffelweise kaltes Wasser zugeben. Den Teig abgedeckt im Kühlschrank ruhen lassen. Dünn ausrollen und in Rauten von etwa 2 bis 2,5 cm Seitenlänge schneiden. (Dafür den ausgerollten Teig erst quer in Streifen schneiden und dann von links oben nach rechts unten oder von rechts oben nach links unten schräg schneiden.) Die Fleckerl in kochendem, gesalzenem Wasser **2 bis 3 Minuten** bissfest garen. (Ein Fleckerl kalt abschrecken und probieren.)

Für das Schmorkraut:

600 g Weißkohl

Salz, Kümmel

1 – 2 Zwiebeln

(2 Knoblauchzehen)

60 – 80 g Schinkenspeck oder Rauchfleisch

2 EL Schweineschmalz oder Öl

1 – 2 gestr. EL Zucker

2 – 3 EL Weißweinessig

200 – 250 ml Rinder- oder Gemüsebrühe

Pfeffer aus der Mühle

gehackte Petersilie oder Schnittlauchröllchen

Das fein geschnittene Kraut mit Salz (und Kümmel) vermengen. Etwa **30 Minuten** ziehen lassen. Zwiebel (und Knoblauch) putzen und klein schneiden. Schinkenspeck klein würfeln.
Schmalz in einen großen Topf geben, erhitzen. Zucker leicht karamellisieren. Zwiebelstücke dazugeben. Anschwitzen, bis die Zwiebel leicht bräunt. Kraut, Schinkenspeck und Knoblauch unterrühren und ebenfalls etwas bräunen. (Dabei gelegentlich umrühren und darauf achten, dass nichts anbrennt.)
Mit dem Weinessig ablöschen. 200 ml Brühe angießen und das Kraut **20 bis 30 Minuten** sanft schmoren. Dabei, falls nötig, noch Brühe oder Wasser angießen. Das gare Kraut sollte noch Biss haben. Mit Pfeffer (und Salz) abschmecken. Zum Ablöschen kann zusätzlich auch 1/2 Glas Weißwein aufgegossen werden.
Mit Petersilie oder Schnittlauch bestreuen.

Zuerst den Nudelteig zubereiten, dann das Schmorkraut. Oder 300 g fertige Fleckerl, alternativ breite Bandnudeln, entsprechend der Kochvorschrift zubereiten. Die gut abgetropften, heißen Fleckerl unter das Kraut mischen. Mit frischer Petersilie oder etwas Schnittlauch bestreut servieren. Das fertige Gericht kann noch mit 1 bis 2 EL Butter verfeinert werden.

Knödel, Beilagen und Salate

Knödel und noch mehr Knödel
Knödel sind ideal zu soßenreichen Bratengerichten und würzigen Krautbeilagen. Es gibt sie in der böhmischen Küche in großer Vielfalt. Es lohnt sich immer, einige mehr zuzubereiten. Übrig gebliebene Hefe- oder Semmelknödelscheiben können eingefroren und später über Dampf erwärmt werden. Für den baldigen Verzehr kann man sie auch 1 bis 3 Tage im Kühlschrank aufbewahren. Auch klein geschnitten und in Butter, Schmalz oder Öl gebraten schmecken sie gut.

Böhmische Semmelknödel

120 g Brötchen vom Vortag

10 g Hefe

1 gestr. TL Zucker

250 ml lauwarme Milch

1 Ei

350 g Mehl, grob oder halbgrob (oder 250 g Weizenmehl Type 550 und 100 g Grieß)

Salz

Die altbackenen Brötchen in etwa 1 cm x 1 cm x 1 cm große Würfel schneiden.
In der Teigschüssel die zerbröselte Hefe mit dem Zucker vermengen und verflüssigen. Lauwarme Milch und das Ei unterrühren. Mehl oder Mehl-Grieß-Gemisch mit Salz vermengen und in mehreren Gaben in die Hefemilch einrühren. Mit der Küchenmaschine oder einem hölzernen Rührlöffel zu einem glatten Teig verarbeiten, dabei die Semmelwürfel einarbeiten. (Falls der Teig zu weich ist, noch etwas Mehl, falls er zu fest ist, etwas Milch zugeben.) Abgedeckt bei Zimmertemperatur **30 Minuten** gehen lassen.
Auf dem leicht bemehlten Backbrett den Teig halbieren, durchkneten und zu länglichen Laiben (von etwa 6 bis 8 cm Ø) formen. Noch **5 Minuten** gehen lassen.
In einem großen Topf (wenigstens 25 cm Ø) Wasser erhitzen und salzen. Die Knödel hineinlegen. Abdecken (dabei lasse ich einen Spalt offen). Nach **8 bis 10 Minuten** die Knödel wenden und weitere **8 bis 10 Minuten** garen. (Gare mit einem Holzstäbchen prüfen.) Fertige Knödel entnehmen, auf einer Platte mehrmals mit einem Holzstäbchen einstechen und sofort mit Zwirn in etwa 2 cm dicke Scheiben trennen.

im Bild Seite 54 oben: UNESCO-Welterbe-Dorf Holašovice bei Budweis

Böhmische Hefeknödel

Für 16 bis 18 Scheiben à 2 cm Dicke

500 g doppelgriffiges Mehl (grobes / Instantmehl)

1 TL Salz (5 g)

125 ml lauwarme Milch

1/2 Würfel Hefe

1/2 TL Zucker (3 g)

1 Ei (Größe L)

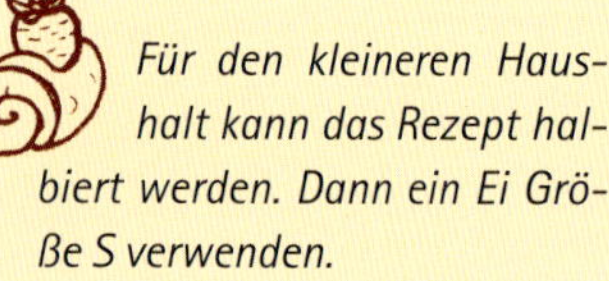

Für den kleineren Haushalt kann das Rezept halbiert werden. Dann ein Ei Größe S verwenden.

Das Mehl mit dem Salz in der Backschüssel vermischen. Milch und 125 ml lauwarmes Wasser vermischen. In 100 ml Flüssigkeit die zerbröselte Hefe und den Zucker einrühren. **10 Minuten** gehen lassen, dann mit dem Ei zum Mehl geben. Den Teig gründlich kneten, dabei nach und nach soviel Flüssigkeit zugießen, bis ein geschmeidiger, glatter Teig entstanden ist, der nicht an der Schüssel klebt. Abgedeckt **15 bis 20 Minuten** gehen lassen, dann den Teig kurz durchkneten und erneut **15 bis 20 Minuten** gehen lassen. Diesen Vorgang wiederholen. Nach insgesamt **45 bis 60 Minuten** den Teig nochmals durchkneten und kurz gehen lassen. Den Teig halbieren und daraus zwei Laibe formen.

Wasser in einem großen Topf erhitzen, salzen. Die Knödel einlegen, etwa **25 bis 30 Minuten** sanft kochen. Nach **10 bis 12 Minuten** vorsichtig wenden. Die fertigen Knödel aus dem Wasser nehmen und noch heiß mit einem Faden in etwa 2 cm dicke Scheiben schneiden. Man kann auch das Käsemesser nutzen.

Kartoffelknödel

600 g mehligkochende Kartoffeln
1 Ei
1 Prise Muskat
Salz
150 – 180 g Weizenmehl, grob oder griffig oder 75 g Grieß und 70 – 90 g Weizenmehl Type 550
etwas Mehl fürs Brett

Die Kartoffeln in Salzwasser kochen. Schälen und noch heiß durch die Presse in eine Schüssel drücken (oder gründlich stampfen). 75 g grobes Weizenmehl oder den Grieß untermengen. Wenn die Masse abgekühlt ist, Ei, Muskat, Salz und soviel Mehl unterkneten, dass ein glatter, fester Teig entsteht. (Die Mehlmenge ist abhängig von der Feuchtigkeit der Kartoffeln.) Den Teig auf dem Backbrett **10 Minuten** ruhen lassen. Halbieren und zwei etwa 15 cm lange Rollen mit glatten Enden formen.

In einem großen Topf ausreichend Wasser erhitzen, salzen (3 geh. TL Salz). Die Knödel hineingeben, dabei darauf achten, dass die Knödel sich bald vom Topfboden lösen. (Falls erforderlich, vorsichtig mit der Schaumkelle oder einem Kochlöffel nachhelfen.) **20 bis 25 Minuten** sanft ziehen lassen.

Die garen Knödel aus dem Wasser heben. Auf einer vorgewärmten Platte sofort mit einem Faden oder einem Tomatenmesser in Scheiben schneiden.

Übrig gebliebene Knödel können in Streifen oder Würfel geschnitten und gebraten werden.

Nach Einführung der Kartoffel waren diese neben Sauerkraut Hauptnahrungsmittel der ärmeren Bevölkerung. Bis heute bilden Kartoffelteige die Grundlage für zahlreiche herzhafte und süße Speisen. Kartoffelknödel können Beilage aber auch Hauptgericht sein – mit herzhafter Rauchfleischfüllung (siehe obige Abb. und Rezept Seite 58) oder süß mit Obstfüllung (siehe Seite 59).

Herzhaft gefüllte Kartoffelknödel (Foto Seite 57)

Für 10 bis 12 Knödel

Kartoffelteig siehe Seite 57

Füllung:

2 – 3 Zwiebeln (ca. 120 g)

20 g Schmalz, Salz

150 – 200 g Kassler oder Rauchfleisch

1 – 2 EL fein gehackte Petersilie

Kartoffelteig wie im Rezept Seite 57 beschrieben zubereiten.
Die geschälten, in Halbringe geschnittenen Zwiebeln in Schmalz leicht schmoren, etwas salzen.
Das Fleisch in sehr feine Würfelchen schneiden und mit der Hälfte der geschmorten Zwiebeln und der Petersilie vermengen.
Kartoffelteig auf bemehltem Brett ausrollen, in Stücke schneiden, mit Füllung belegen und mit bemehlten Händen zu runden Klößen formen. In kochendem Salzwasser garen. Nach dem Aufkochen **10 bis 15 Minuten** ziehen lassen.
Zum Anrichten die Knödel mit den restlichen Schmorzwiebeln bestreuen und mit Schmorkraut oder Sauerkraut servieren.

Südböhmische Kartoffelknödel (Drbáky)

400 g mehligkochende Pellkartoffeln

400 g rohe Kartoffeln

Salz, Kartoffelstärke

Am **Vortag** Pellkartoffeln kochen. Am Kochtag die geschälten, rohen Kartoffeln fein reiben und das Wasser mit Hilfe einer gebrühten Serviette (oder eines Presssacks) ausdrücken. Die gekochten Kartoffeln reiben und mit den rohen Kartoffeln mischen. Salzen und bei Bedarf 1 bis 3 EL Kartoffelstärke untermengen, damit ein homogener Teig entsteht.
Kleine Knödel von etwa 4 cm Ø formen. Jeden Knödel in Stärke wälzen. In kochendem Salzwasser garziehen lassen. Dabei vorsichtig umrühren, damit die Knödel nicht am Topfboden festkleben. **12 bis 20 Minuten** kochen. Zum Prüfen der Gare einen Knödel entnehmen und halbieren.
Die Knödel passen zu Braten, werden aber auch nur mit Röstzwiebeln, Grieben und Sauerkraut verzehrt.

Mit Obst gefüllte Knödel

Kartoffelknödelteig wird auch für süße Obstknödel verwendet. Dafür entsteint man Zwetschgen oder Aprikosen und ersetzt den Stein mit einem Stück Würfelzucker. Dann wird das Obst mit dem Knödelteig umhüllt. Wie die herzhaft gefüllten Knödel in Wasser garen. Die abgetropften Obstknödel werden mit geriebenem Quark und Mohn bestreut oder mit in Butter gebratenen Bröseln, mit Zimt und Zucker oder mit saurer Sahne.

Für Obstknödel mit Erdbeeren, Kirschen, Heidelbeeren, Aprikosen und Zwetschgen wird auch Hefe- und Quarkteig als Mantel genutzt (siehe Marillenknödel Seite 69).

Gebackene Kartoffeln

600 g festkochende Kartoffeln

3 – 4 EL Mehl

Salz

Öl oder Butterschmalz

1 – 2 Knoblauchzehen

Die Kartoffeln schälen, in 2 bis 2,5 cm große Stücke schneiden. In einem Sieb mit kaltem Wasser abspülen. Trocken tupfen.
Portionsweise in gesalzenem Mehl wenden. Frittieren oder in einer Pfanne in ausreichend heißem Öl von allen Seiten goldgelb backen.
Vom Knoblauch nur die äußere Schale entfernen, etwas andrücken und zum Aromatisieren ins heiße Öl geben.
Eine beliebte Beilage zu Schnitzel oder Braten. Gern auch nur mit einer kalten Soße.

Dieses einfache Essen aus geriebenen Kartoffeln kam auf dem Lande vermutlich bald nach dem Anbau der Kartoffel auf. Die mit Knoblauch und Majoran gewürzten Fladen wurden direkt auf der Herdplatte gebacken. Sie sind beliebt als Beilage zu Gulasch, Geschnetzeltem, Kassler oder Rauchfleisch und Kraut. Als großer Fladen in der Pfanne gebacken, werden sie auch gern gefüllt und eingerollt serviert. Oder sie werden mit einer würzigen Soße genossen.

Manchmal gibt man in den Teig auch gewürfelten Speck oder gegartes, gewürfeltes Kasslerfleisch (dann weniger salzen).

Böhmische Kartoffelpuffer (Bramborák)

Für 10 Kartoffelpuffer von etwa 6 cm Ø

- *500 g Kartoffeln*
- *1 Ei*
- *50 ml Vollmilch*
- *40 – 50 g Weizenmehl Type 550*
- *1 gestr. TL Majoran*
- *1 gestr. TL Salz*
- *2 Knoblauchzehen*
- *Bratöl oder Schmalz*

Für den größeren Appetit, für 4 bis 6 Portionen, die doppelte Menge zubereiten.

Die Kartoffeln waschen, schälen und reiben. Die Masse in einem Sieb oder Tuch gut ausdrücken. Ei, Milch und Mehl unterrühren. Mit Majoran, Salz und dem geschälten, gepressten Knoblauch würzen. Den Teig **5 bis 10 Minuten** ruhen lassen. Umrühren.

In einer Pfanne – besonders geeignet ist eine schwere Eisenpfanne – Öl oder Schmalz erhitzen. Esslöffelweise den Teig hineingeben und Puffer formen. Von beiden Seiten goldgelb braten.

Kartoffelnocken (Skubanken, Škubanky)

Für 18 bis 20 Kartoffelnocken

300 g frisch gepresste Kartoffeln

120 g Weizenmehl Type 550

1 EL Milch

2 – 3 EL ungewürztes Schmalz zum Braten

Kartoffeln kochen und durchpressen. Mehl und Milch zu den heißen Kartoffeln geben. Kurz unterrühren. Nach **10 bis 15 Minuten** alles rasch verkneten. Mit 2 Esslöffeln Nocken aus dem Teig formen. Die Nocken in heißem Schmalz goldbraun backen. Entweder süß mit Zucker und Mohn bestreut oder herzhaft mit Röstzwiebeln (und Kraut) servieren.

Warmer Krautsalat

500 g Weiß- oder Spitzkohl

50 g Butter oder Öl

3 – 4 EL Weißweinessig

Salz, weißer Pfeffer

1 Prise Zucker

Das fein geschnittene Kraut **5 bis 10 Minuten** in Butter oder Öl unter Rühren bis zur gewünschten Bissfestigkeit garen. Mit Salz und Pfeffer aus der Mühle würzen, mit Essig ablöschen, umrühren und noch kurz auf der abgeschalteten Herdplatte durchziehen lassen. Mit einer Prise Zucker abschmecken.

Zu diesem Gerichte werden die kleinsten Häuptel genommen, sehr fein geschnitten, die Adern beseitigt und in Butter oder Fett schnell geröstet, bis die Hitze das Ganze recht durchdrungen hat; es wird dann mit Salz und Pfeffer gewürzt, mit Essig zum lieblichen Geschmack gesäuert, über dem Feuer recht durcheinander gemengt und gleich aufgetischt.
(Historisches Rezept aus: „Böhmische Universal-Köchin“ von Gabriela Triwaldová, 1885)

Krautsalat von Weiß- und Rotkohl

- *1/2 TL Kümmel*
- *2 EL Weinessig*
- *Salz*
- *500 g Weißkohl oder Spitzkohl*
- *2 – 3 EL Weißweinessig*
- *1 – 2 TL Zucker*
- *Pfeffer aus der Mühle*
- *2 – 3 EL Öl (Sonnenblumen- oder Olivenöl)*

In einem kleinen Topf die Kümmelkerne in 100 ml Wasser aufkochen. Das Kümmelwasser durch ein Sieb in einen großen Topf gießen, 200 ml Wasser, 2 EL Essig und 1/2 TL Salz dazugeben. Erhitzen und darin das fein geschnittene Kraut abgedeckt kurz aufkochen. In einem Sieb oder Durchschlag abgießen und auskühlen lassen. Mit Weißweinessig, Zucker, Pfeffer und Öl würzen. (Beim Anrichten nochmals mit Pfeffer übermahlen.)

Nach diesem Prinzip wird auch Rotkohlsalat zubereitet, nur wird er statt mit Weißweinessig mit Himbeeressig gewürzt.

Weißkrautrohkost

- *400 g Weißkohl oder Spitzkohl*
- *1 gestr. TL Salz (5 g)*
- *150 g geputzte Möhren*
- *1 gestr. TL Zucker*
- *2 EL Weißweinessig*
- *1 EL Öl, z. B. Sonnenblumenöl*
- *Pfeffer aus der Mühle*

Den Kohl in dünne Streifen schneiden, salzen und kräftig durchkneten. Möhren raspeln und zusammen mit Zucker, Essig und Öl zum Kraut geben. Vermengen und mit Pfeffer abschmecken. Kurz durchziehen lassen.

Die Salate sind hierzulande meist schlicht zubereitet. Zu den häufigsten Beilagen gehört dieser Weißkrautsalat mit geraspelten Möhren. Er ist gesund und preiswert.

Blumenkohlsalat (Karfiolsalat)

- *1 Blumenkohl*
- *Salz*
- *3 EL Weißweinessig*
- *3 EL Salatöl*
- *1 Prise Zucker*
- *Pfeffer*

Den geputzten Blumenkohl ohne Strunk in mundgerechte Stücke zerlegen. Wasser mit 1 gestr. TL Salz und 1 EL Essig aufkochen. Blumenkohl bissfest garen. Mit der Schaumkelle entnehmen. Etwas Garflüssigkeit mit Essig, Öl, 1 Prise Zucker, Salz und Pfeffer kräftig abschmecken und über die Blumenkohlröschen gießen. Gut durchziehen lassen.
Beachten Sie, dass der heiße Blumenkohl noch etwas nachgart.

Böhmischer Bröselblumenkohl

- *1 Blumenkohl*
- *3 EL Butter*
- *125 g Semmelbrösel*
- *Salz*

Den Blumenkohl putzen, in Röschen zerlegen und in kochendem Salzwasser garen.
Zwischendurch die Butter in einer Pfanne erhitzen, salzen und die Semmelbrösel darin goldbraun rösten. Den Blumenkohl abgießen, in einem Sieb kurz abtropfen lassen und noch heiß zu den Bröseln geben. Mehrmals wenden.
Eine einfache Beilage zu Salzkartoffeln, zu Schnitzel oder Fisch.

Prager Salat

150 g gekochter Schinken
100 g gegarter Sellerie
2 hart gekochte Eier
2 geh. TL Dijon-Senf
70 g Mayonnaise
1 TL Weißweinessig oder Zitronensaft
Salz, Pfeffer
kleine Pfeffer- oder Gewürzgurken

Schinken in kurze Streifen schneiden. Sellerie und Eier fein würfeln. Senf, Mayonnaise und Essig oder Zitronensaft verühren. Schinken, Sellerie und Eier untermengen. Mit Salz und Pfeffer aus der Mühle abschmecken. Mit aufgeschnittenen Pfeffergürkchen anrichten.

Böhmischer Weihnachtssalat – Selleriesalat

1 – 2 Sellerieknollen (400 – 500 g)
1 gestr. EL Zucker
3 EL Weinessig
1 Prise Salz
1 Zwiebel
Pfeffer, 1 – 2 EL Öl
Walnusskerne

Sellerie schälen, in mundgerechte Stücke schneiden. In einen Topf geben und mit 1/4 Liter kochendem Wasser übergießen. Mit Zucker, Essig und einer Prise Salz bis zur gewünschten Bissfestigkeit garen. Eventuell etwas Garflüssigkeit abgießen. Die fein gehackte Zwiebel unterrühren. Den Salat in eine Schüssel umfüllen, mit Pfeffer abschmecken und je nach Vorliebe 1 bis 2 EL Öl unterrühren. **24 Stunden** durchziehen lassen. Mit gehackten Nüssen anrichten.

Der legendäre Abenteurer und Schriftsteller **Giacomo Casanova** *(1725 – 1798) verbrachte die letzten 13 Jahre seines Lebens als Bibliothekar des Grafen Waldstein auf Schloss Dux (Duchcov) in Nordböhmen, wo er am 4. Juni 1798 starb.*
Um eine Nonne zu verführen, soll der alternde, von den Schlossbewohnern verspottete Casanova, dessen Liebesabenteuer hier als Prahlereien abgetan wurden, angeblich einen Salat erfunden haben mit Sellerie, Eiern, Senf und Kresse – Zutaten, die bis heute dafür bekannt sind, die Manneskraft zu stärken. Die Geschichte ist sicher erfunden, aber Sellerie und hart gekochte Eier gehören bis heute in den „Casanova-Salat".
Im Schloss kann noch der Sessel besichtigt werden, in dem Casanova gestorben ist. Obwohl es verboten ist, hat schon mancher Mann versucht, darauf Platz zu nehmen, denn angeblich verleiht das enorme Liebeskraft.
Casanova, der Frauen und gutes Essen liebte, schätzte kräftig gewürzte Speisen und behauptete:

Die letzte Lebensstätte von Casanova – Schloss Duchcov

„Mein herzhafter Geschmack hat mich glücklich und genussfähiger als die Mehrzahl der Menschen gemacht."

Casanova-Salat

- *150 g Sellerie*
- *6 hart gekochte Eier*
- *30 g Dijon-Senf*
- *50 g marinierte Champignons*
- *100 g Mayonnaise*
- *1 Prise Zucker*
- *Salz, weißer Pfeffer*
- *Brunnenkresse oder 1 Schale Kresse*

Sellerie in streichholzdünne, etwa 4 bis 5 cm lange Streifen (Julienne) schneiden, in leicht gesalzenem Wasser kurz blanchieren, abkühlen lassen. Die hart gekochten Eier halbieren. Das Eiweiß in feine Streifen schneiden. Das Eigelb aufbewahren. In der Salatschüssel Senf, Mayonnaise und eine Prise Zucker vermengen. Eiweiß, Sellerie und Pilze unterheben. Mit Salz und weißem Pfeffer aus der Mühle abschmecken. Mit gehacktem Eigelb und Kresse bestreuen.
Auf Stangenbrotscheiben oder mit getoastetem Brot servieren.

Tomatensalat

Für 4 Portionen

500 g Tomaten
3 EL Weißweinessig
3 EL Sonnenblumenöl
Salz, 1/2 TL Zucker
1 Zwiebel (40 – 50 g)
1 – 2 EL gehackte Petersilie
Pfeffer aus der Mühle

Die Tomaten in Scheiben schneiden und fächerförmig auf einer Platte anrichten. Den Essig mit Öl, Salz und Zucker so lange verrühren, bis sich Salz und Zucker aufgelöst haben. Falls nötig, 1 bis 2 EL Wasser dazugeben.
Die Zwiebel schälen und würfeln. Die Marinade über die Tomaten träufeln. Mit den Zwiebelwürfelchen und mit Petersilie bestreuen. Mit Pfeffer übermahlen.
Oder Einzelportionen anrichten.

Bekannte, schmackhafte tschechische Tomatensorten sind ‚Czech´s Busch' und die ‚Tschechische Feldtomate'.

Altböhmischer Gurkensalat

1 Salatgurke (ca. 400 g)
100 ml saure Sahne (20 %)
1 Knoblauchzehe
1 EL Weißweinessig
1 gestr. TL Dijon-Senf
1 gestr. TL Zucker
1/2 TL Paprika, edelsüß
Salz, Pfeffer, (Dill)

Die Gurke schälen und längs halbieren. Kerne mit einem Löffel herausschaben. Die Gurkenhälften dünn schneiden oder hobeln und leicht salzen. Etwa **10 bis 15 Minuten** Flüssigkeit ziehen lassen. Saure Sahne, gepressten Knoblauch, Essig, Senf, Zucker und Paprika verrühren. Gurkenscheiben gut ausdrücken, in eine Schüssel geben und mit der Soße vermischen. Mit Salz und frisch gemahlenem Pfeffer abschmecken. (Klein gezupften Dill unterrühren und aufstreuen.)

Nachspeisen und Süßes

Für diese „Minipfannkuchen“ gibt es spezielle Pfannen mit Mulden, sogenannte Augen- oder Lochpfannen. Ist keine Liwanzenpfanne vorhanden, dann kleine Pfannkuchen in einer beschichteten Pfanne backen.

Liwanzen isst man entweder mit Puderzucker und Zimt, mit Heidelbeer-, Himbeer- oder Pflaumenkompott und Sahne oder gefüllt mit Pflaumenmus (Powidl). Auch mit geriebenem Quark (Tvaroh Tvrdý), saurer Sahne oder Schlagsahne werden sie gern gereicht.

Liwanzen (Foto Seite 67 unten)

- *20 g Butter*
- *12 g Hefe, 20 g Zucker*
- *150 ml Milch*
- *150 g Weizenmehl Type 550*
- *2 Eier*
- *Abrieb von 1/2 Bio-Zitrone*
- *Salz*
- *(etwas Vanillemark)*
- *80 g Butterschmalz*
- *Puderzucker*
- *Pflaumenmus (Powidl)*
- *Sahne*
- *Zimt*

Butter schmelzen und abkühlen lassen.

Die Hefe zerbröckeln, mit dem Zucker vermischen und in der lauwarmen Milch auflösen. Mehl in eine Schüssel sieben, Hefemilch angießen und zu einem glatten Teig verrühren. Eier trennen. Eiweiß kühl stellen. Eigelb, Zitronenabrieb, (Vanillemark), Salz, Mehl und Butter unter den Teig rühren. Abgedeckt bei Zimmertemperatur etwa **60 Minuten** gehen lassen. Eiweiß aufschlagen und unterheben.

Die Mulden der Liwanzenpfanne mit Butterschmalz ausstreichen, erhitzen und je 2 EL Teig in die Mulden geben. Bei mittlerer Temperatur etwa **3 Minuten** hellbraun backen, dann wenden.

Mit Puderzucker bestreuen oder je zwei Liwanzen mit etwas Pflaumenmus als Füllung aufeinandersetzen. Warm genießen.

Das Pflaumenmus kann vorher mit etwas Rum und Zimt verrührt werden. Oder traditionell die Liwanzen mit etwas Pflaumenmus bestreichen, mit geriebenem Quark bestreuen und mit Butter beträufeln.

Foto Seite 67 oben: Dank seiner herrlichen Altstadt UNESCO-Welterbestätte: Český Krumlov (Böhmisch Krumau)

Marillenknödel (nach historischem Rezept)

Für 8 bis 10 Knödel

Für die Knödel:

- *30 g Butter*
- *75 g Quark (20 % Fett)*
- *1 Ei (Größe M)*
- *50 ml Sahne, Salz*
- *200 g griffiges Mehl*
- *(evtl. etwas Backpulver)*
- *10 Aprikosen, 10 Stück Würfelzucker*
- *Mehl fürs Backbrett*

Zum Begießen:

- *Butter, Semmelbrösel*
- *Zucker, Zimt*

Die weiche Butter und Quark cremig aufschlagen, Ei und Sahne unterrühren. Salzen. Nach und nach das Mehl unterrühren. Der Teig soll sich ausrollen lassen, aber nicht zu fest sein.

Die Aprikosen aufschneiden und die Steine durch je einen Würfelzucker ersetzen. Einen Topf Wasser aufsetzen.

Den Teig auf einem leicht bemehlten Brett ausrollen und in Stücke schneiden. Die gefüllten Aprikosen mit Teig umhüllen. Das kochende Wasser salzen, Knödel hineingeben. Die Knödel nach dem Aufkochen schwach köchelnd in etwa **10 bis 12 Minuten** garziehen lassen.

In einer Pfanne Butter schmelzen und die Semmelbrösel darin anrösten. Wer möchte, gibt etwas Zucker und Zimt dazu.

Die Knödel mit der Schaumkelle entnehmen, sofort mit Bröselbutter begießen und aufreißen.

Wer sich ganz sicher sein will, entnimmt erst einen Probeknödel.

Gebackene „Knödle“ nach Anton Günther

Für 10 bis 12 Knödel

250 g Magerquark oder Schichtkäse

30 g Rosinen

300 g Kartoffelmasse (gepresst oder gerieben) von mehligkochenden Kartoffeln

50 g Weizengrieß

1 Prise Salz

30 g Butter

etwas Mehl

Butterschmalz oder Öl

Zucker, Zimt

Den Quark in einem Sieb gut abtropfen lassen. Rosinen verlesen, waschen und trocken tupfen. Die ausgekühlten Kartoffeln mit Grieß, weicher Butter, Quark, Rosinen und Salz gut vermengen. 10 bis 15 Minuten quellen lassen. Eine Rolle mit 5 bis 6 cm Ø formen. Scheiben abschneiden. Die Schnittflächen leicht mehlieren und die Knödel flach drücken.

In Butterschmalz oder Öl bei mittlerer Temperatur in der Pfanne von beiden Seiten goldgelb backen. Je nach Vorliebe mit Zucker oder Zimtzucker bestreuen. Preiselbeerkompott oder Apfelmus dazu reichen.

Sie schmecken gut zum Kaffee, morgens oder am Nachmittag.

Die Rosinen können auch mit 1 bis 2 TL Rum aromatisiert werden. In Anton Günthers Elternhaus wurden die Knödle vermutlich in Schweineschmalz ausgebacken.

Grabstätte von Anton Günther auf dem Friedhof von Boži Dar

Anton Günther *(geboren 1876 in Gottesgab (Boží Dar), wo er 1937 in den Freitod ging) war der Sohn eines Bergmanns und Musterzeichners. Er arbeitete als Lithograph und Kleinbauer. Berühmt wurde er (und ist es bis heute) als Volksdichter, -komponist und -sänger des böhmischen und sächsischen Erzgebirges.*

Gebackene Knödle (1901)

Ka's denn wos Bessersch gaabn
als wie gebackene Knödle?
Mer lackt de Händ on de Finger ernooch
als wie de Katz de Pfötle.

's gehärt fei gar net viel derzu,
e paar Ardäppel, Quark on Butter,
e wing Grieß on e paar Rosining drauf,
dos is es beste Futter.

Gebackene Knödle on Preißelbeer
on e Topp Kaffee schmeckt jeden,
's Wasser laaft ann in Maul schu z'samm,
härt mer när e Mol derva reden.

On denkt mer dra,
fängt schu der Mogn ve Freiden a ze bromme,
drüm loß mer aah in Arzgbirg
über gebackene Knödle nischt komme.

Powidltascherl

Für 16 bis 18 Tascherl

Teig:

250 g gekochte, gepresste Kartoffeln
20 g Weizengrieß
10 g Butter, 1 Ei, Salz
60 – 75 g Weizenmehl Type 550
etwas Mehl zum Ausrollen

Füllung:

125 g Pflaumenmus
1 EL Rum, (1 Msp. Zimt)

Schmelze:

60 g Butter
3 EL Semmelmehl
je nach Vorliebe 1 – 2 EL Mandelblättchen
1 gestr. EL Zucker
1 Msp. Zimt
Puderzucker

Für die Füllung Pflaumenmus *(Powidl)* mit Rum verrühren und je nach Vorliebe noch mit Zimt würzen.
Für den Teig die ausgekühlte Kartoffelmasse mit Grieß, weicher Butter, Ei, Salz und Mehl rasch zu einem glatten Teig verkneten. Mit etwas Mehl bestäuben und auf dem bemehlten Backbrett 3 bis 4 mm dünn ausrollen. Mit einem Ausstecher oder einem Glas (ca. 7 cm Ø) Kreise ausstechen.
Die anfallenden Teigreste mit bemehlten Händen zusammendrücken, ausrollen und weitere Kreise ausstechen. Mit einem Teelöffel das Pflaumenmus mittig auf die Teigstücke verteilen. Jedes zusammenklappen und die Ränder andrücken.
Zwischenzeitlich in einem breiten Topf Wasser erhitzen, leicht salzen. Wenn das Wasser kocht, die halbmondförmigen Tascherln hineingeben und etwa **6 Minuten** sanft gar ziehen lassen. Sie sind gar, wenn sie oben schwimmen. Mit dem Schaumlöffel herausnehmen, dabei gut abtropfen lassen.
Die Butter in einer breiten Pfanne schmelzen, das Semmelmehl (und die Mandeln) goldgelb rösten. Zucker (und Zimt) unterrühren. Die Tascherln darin wenden.
Noch warm servieren. Mit Puderzucker besieben.

Für die Zubereitung der doppelten Menge reicht 1 Ei aus. Das Ausstechen geht einfacher, wenn der Ausstecher kurz in Mehl getaucht wird. Alternativ werden Powidltascherl auch mit Nudelteig und als Rechtecke zubereitet.

Quarkknödel mit Erdbeeren

Für 18 bis 20 Knödel

250 g Quark (40 % Fett)

150 g griffiges Mehl oder 100 g Mehl Type 550 und 50 g Grieß

1 Eigelb, Salz

20 Erdbeeren (ca. 160 – 200 g)

40 g Butter

Reibequark oder saure Sahne

Puderzucker

Den abgetropften Quark mit dem Mehl verrühren. Eigelb und 1 Prise Salz dazugeben und alles zu einem festen Teig verkneten. Bei Bedarf noch etwas Mehl dazugeben. Den Teig in Frischhaltefolie einrollen und 30 Minuten im Kühlschrank lagern.
Von der Teigrolle kleine Stücke abschneiden, etwas breit drücken, je eine Erdbeere auflegen und diese mit dem Teig umschließen. Kleine Knödel rollen.
Die Knödel vorsichtig in kochendes, gesalzenes Wasser geben und kochen lassen. Nach etwa **7 Minuten**, wenn sie oben schwimmen, sind die Knödel gar und können mit der Schaumkelle herausgehoben werden.
Mit geschmolzener Butter begießen und mit geriebenem Quark und Puderzucker bestreuen.

Anstelle frischer Erdbeeren können auch tiefgefrorene Erdbeeren verwendet werden. Diese in gefrorenem Zustand in den Teig einlegen.

Böhmische Dalken (nach Gabriela Triwaldová)

Für 12 bis 14 Dalken

Teig:

- *15 g Hefe, 1/2 TL Zucker*
- *250 g Weizenmehl Type 550*
- *150 ml Milch, 1 Ei (Größe M)*
- *2 EL zerlassene Butter*
- *1 Prise Salz*

Außerdem:

- *Mehl für das Backbrett*
- *Butter zum Bestreichen für Backen im Ofen*
- *Butterschmalz oder Öl zum Ausbacken für Backen in Pfanne*
- *Pflaumenmus (Powidl)*
- *Reibequark (Tvaroh Tvrdý)*

Hefe zerbröseln und mit Zucker und 1 EL Mehl in 75 ml lauwarme Milch einrühren. Das Mehl in die Backschüssel geben. In die Mitte eine Mulde drücken, die Hefemilch hineingießen, mit etwas Mehl vom Rand bestäuben. Abgedeckt **15 Minuten** gehen lassen. Dann die restliche Milch, Ei, Butter und Salz dazugeben und alles zu einem glatten Teig verkneten. Mit etwas Mehl (1 gestr. EL) bestäuben, abdecken und etwa **60 Minuten** gehen lassen.
Nochmals durchkneten. Auf leicht bemehltem Backbrett etwa 6 bis 10 mm dick ausrollen. Mit einem Ausstecher oder Glas (7 cm Ø) Kreise ausstechen. Teigreste durchkneten und erneut ausrollen. Die Hefeteigplätzchen auf dem leicht bemehlten Brett noch ca. **20 Minuten** gehen lassen.
Die Dalken entweder im Backofen oder in einer Pfanne mit Deckel in Butterschmalz backen.

Backen im Backofen:
30 g Butter schmelzen. Den Backofen auf **180 °C** Ober- und Unterhitze vorheizen. Das Blech mit Backpapier belegen. Die Dalken auf der Ober- und Unterseite mit Butter bepinseln und auf das Blech legen. Etwa **12 bis 14 Minuten** backen.

Backen in der Pfanne:
40 bis 50 g Butterschmalz oder Öl bei mittlerer Temperatur in einer Deckelpfanne erhitzen. Dalken mit ausreichend Abstand voneinander einlegen und abgedeckt etwa **5 Minuten** backen. Wenn die untere Seite goldbraun ist, die Dalken wenden, abdecken und noch **4 bis 6 Minuten** backen. Sie sollen durchgebacken sein, aber nicht verbrannt.

Den Backvorgang wiederholen, bis alle Dalken fertig gebacken sind. Bei einer Pfannengröße von 24 bis 28 cm Ø muss zwei Mal gebacken werden.

Die fertigen Dalken mit Pflaumenmus bestreichen und mit geriebenem Quark bestreuen oder obenauf etwas saure Sahne oder Schmand geben. Noch warm servieren.
Dalken aus dem Backofen wurden laut historischem Rezept zusätzlich mit heißer Butter beträufelt.

Der Teig kann mit 25 g Zucker zubereitet werden. Für die doppelte Teigmenge einfach die Menge der Zutaten verdoppeln, aber nur 1 Ei und 1 Eigelb verwenden. Dalken (Vdolky) werden auch gern mit Heidelbeerkompott und Schlagsahne serviert.

Sauerrahm-Dalken

Für 16 Dalken

- *2 Eier (Größe M)*
- *125 g saure Sahne*
- *75 g Weizenmehl Type 550*
- *20 g Zucker*
- *50 – 60 g Butterschmalz oder Öl*
- *Puderzucker*
- *Pflaumen- oder Heidelbeerkompott*
- *Sahne*

Die Eier trennen. Die saure Sahne mit Eigelb und Mehl zu einem glatten Teig verrühren. Eiweiß mit Zucker steif aufschlagen und den Eischnee unter den Teig heben.
Etwas Butterschmalz oder Öl in den Mulden einer Augenpfanne oder in einer beschichteten Pfanne erhitzen. Mit einer kleinen Kelle den Teig hineingeben. Bei mittlerer Temperatur (Elektroherd Stufe 3 bis 4) von jeder Seite **1 bis 2 Minuten** backen, dann wenden. Auf Küchenpapier entfetten.
Fertige Dalken bei **60 °C** im vorgeheizten Ofen warm halten. Mit Puderzucker besieben. Mit Kompott und etwas Schlagsahne servieren.

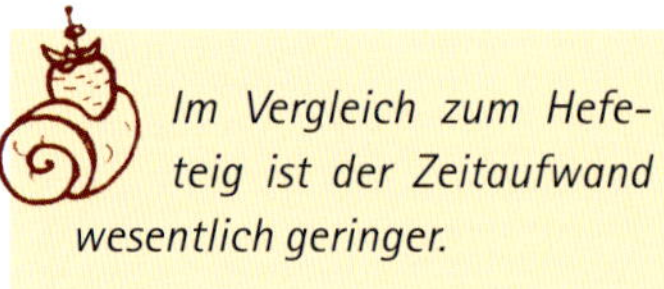

Im Vergleich zum Hefeteig ist der Zeitaufwand wesentlich geringer.

Kuchen, Torten
und allerlei Gebackenes

Karlsbader Kolatschen (nach M. D. Rettigová)

Für 20 Stück

15 g Hefe

1 gestr. TL Zucker (7 g)

3 EL Sahne

50 g Butterschmalz

60 g Butter

1 Prise Salz

3 Eigelb

200 g Weizenmehl Type 550

2 Eiweiß, 70 g Zucker

70 g gehackte Mandeln

20 oder 40 entsteinte, gekochte Sauerkirschen oder rote Johannisbeeren

(Puderzucker)

Hefe zerkrümeln und mit dem Zucker in einer Tasse vermengen. Sobald sie sich verflüssigt hat, die lauwarme Sahne unterrühren. Zimmerwarme Butter und -schmalz mit einer Prise Salz cremig aufschlagen, Eigelb und aufgelöste Hefe dazugeben. Weiter aufschlagen. Nach und nach das Mehl unterrühren. Der gründlich aufgeschlagene Teig sollte nicht zu fest sein.

Das Backblech mit Backpapier belegen. Mit einem Esslöffel den Teig in 20 halbeigroßen Portionen darauf verteilen. Mit einem Teelöffel oder mit den Fingerspitzen in die Mitte jeweils eine Mulde drücken. Die Kolatschen leicht abdecken und **20 bis 30 Minuten** aufgehen lassen.

Die beiden Eiweiß mit dem Zucker zu festem Schnee aufschlagen und die Mandeln unterheben.

Je 1 bis 2 abgetropfte Sauerkirschen oder Johannisbeeren leicht in die Vertiefungen drücken. Die Mandelbaisermasse darüber verteilen. Im vorgeheizten Backofen bei **180 °C** Ober- und Unterhitze auf mittlerer Ebene **20 bis 25 Minuten** backen. Sollte die Baisermasse zu sehr bräunen, dann auf die untere Ebene des Herdes wechseln.

Abgekühlt mit Puderzucker besieben und frisch genießen.

Foto Seite 77 oben: Pavillon im Kurpark von Marienbad, wo auch Goethe einst weilte

Johann Wolfgang von Goethe *(1749 – 1832), der zwischen 1785 und 1823 zahlreiche Badereisen nach Böhmen unternahm und zusammengerechnet mehr als drei Jahre hier verbrachte – forschte, wanderte und liebte – schätzte auch Kolatschen.*
Heute erinnern an vielen Orten Denkmäler und Gedenktafeln an seine Aufenthalte. Berühmt ist die Goethe-Terrasse am Hotel Bílý kůň (Zum Weißen Ross) in Loket. 1823 speiste der seit 1816 verwitwete Dichter hier mit Frau von Levetzow und ihren Töchtern. Der 74-jährige Goethe ist verliebt in die 19-jährige Ulrike von Levetzow und soll hier um ihre Hand angehalten haben. Der Ort der Brautwerbung ist nicht belegt, die höfliche Zurückweisung schon. Die Marienbader Elegie, niedergeschrieben auf der Heimreise in der Kutsche, ist Goethes Abschied von seiner letzten, unerwiderten Liebe und von Böhmen.

(Im Sommer 1808 sendet Goethe an seine Frau aus Karlsbad in Wachstuch eingewickelt „ein Paar geräucherte Zungen, von der besten Sorte".)

Karlsbad
Was ich dort gelebt, genossen.
Was mir all dorther entsprossen.
Welche Freude, welche Kenntnis,
Wär ein allzulang Geständnis!
Mög´ es jeden so erfreuen.
Die Erfahrenen die Neuen!
(Goethe)

Kleine Kolatschen mit verschiedenen Füllungen, mit und ohne Streusel (Rezept Seite 80)

__Kolatschen__ werden in verschiedenen Größen und Formen zubereitet: viereckig, überwiegend aber rund. Die Chodenländischen Kolatschen haben beinahe die Größe eines runden Kuchens und werden mit Mustern verziert, die von alten Trachten inspiriert sind. Andere sind wesentlich kleiner, 12 cm Ø oder Minis mit 6 cm Ø. Gemeinsam sind ihnen die Beläge. Meist belegt man sie mit saisonalem Obst (Aprikosen, Heidelbeeren, Pflaumen oder Äpfel) oder mit Pflaumenmus, Quark oder Mohn, Rosinen oder Mandelblättchen oder einer Kombination aus diesen Zutaten.

Magdaléna Dobromila Rettigová veröffentlichte 1826 in ihrem Kochbuch eine sächsische und eine böhmische Kolatschen-Variante und empfahl:

„... Man kann auch einen großen Kolatschen über das ganze Blech machen, den Rand herumbiegen und mit Eiweiß bestreichen, den Kolatschen mit frischen Zwetschken-Hälften (Pflaumen) belegen, mit Zucker bestreuen und ihn backen lassen; oder man kann den Kolatschen vor dem Backen mit gut zubereitetem Topfen (Quark) bestreichen und mit Rosinen ohne Kerne bestreuen – er ist auf jede Art gut."

Minikolatschen für große Feste (Hochzeitskolatschen)

Für 2 Backbleche,
ca. 50 Mini-Kolatschen

Für den Teig:

- *150 ml lauwarme Milch*
- *50 g Puderzucker*
- *1/2 Würfel Hefe*
- *300 g Weizenmehl Type 550*
- *1 Prise Salz*
- *50 g Butter*
- *50 g Butterschmalz*
- *2 Eigelb*

Den Quark in einem Passiertuch abtropfen lassen. Die Rosinen verlesen und mit Rum beträufeln.

Für den Hefeteig die Milch erwärmen. In die lauwarme Milch 1 EL Puderzucker, die zerbröselte Hefe und 1 EL Mehl einrühren. **10 Minuten** gehen lassen.

In der Backschüssel das Mehl mit dem restlichen Puderzucker und Salz vermengen. Eine Mulde eindrücken und die Hefemilch hineingießen. Weiche Butter, Butterschmalz und 2 Eigelb dazugeben. Mit der Küchenmaschine alles zu einem glatten Teig verkneten. Den Teig mit einem Tuch abdecken und bei Zimmertemperatur etwa **60 Minuten** gehen lassen. Er sollte sein Volumen verdoppeln.

Mehl, Puderzucker, Vanillezucker, kalte Butter und eine Prise Salz zu Streuseln verkrümeln.

Für den Quarkbelag:

500 g Sahnequark (40 %)

25 g Rosinen, 1 EL Rum

70 g Puderzucker

1 Pck. Vanillezucker

Für die Streusel:

100 g Weizenmehl

50 g Puderzucker

1/2 Pck. Vanillezucker

50 g Butter

1 Prise Salz

Außerdem:

Pflaumenmus

1 Eigelb

30 g Butter

1 – 2 EL Rum

Den abgetropften Quark mit dem Puderzucker und Vanillezucker verrühren. Abgetupfte Rosinen untermengen.

Zum Bestreichen der Teigränder 1 Eigelb mit 1 bis 2 EL Wasser oder Milch verschlagen.

Den Teig halbieren. Einen Teil auf bemehltem Backbrett dünn ausrollen und in Quadrate von 6 bis 7 cm Seitenlänge schneiden. Quarkfülle so darauf verteilen, dass die Ecken frei bleiben. Die jeweils gegenüberliegenden Ecken nach innen umschlagen. Die Kolatschen auf dem mit Backpapier belegten Blech verteilen. Mit einem Teelöffel oder einem Spritzbeutel einen kleinen Klecks Pflaumenmus in die Mitte jeder Kolatsche geben. Mit einem Pinsel die umgeklappten Ecken mit Eigelb bestreichen. Jede Kolatsche mit Streuseln bestreuen und diese leicht andrücken.

Im vorgeheizten Herd bei **180 °C** Ober- und Unterhitze **10 bis 12 Minuten** backen.

Butter in einem Pfännchen erhitzen, den Rum angießen. Die Kolatschen sofort nach dem Backen damit bestreichen.

Die zweite Teighälfte dünn ausrollen. Mit einem Glas oder einer Form Kreise von 6 cm Ø ausstechen, Teigreste zusammendrücken und erneut ausrollen. Jeden Teigkreis mittig mit einer Gabel einstechen, mit den Fingern einen kleinen Rand formen. Auf das mit Backpapier belegte Blech legen. Die Ränder mit Eigelb bestreichen, die restliche Quarkfülle auf den Kolatschen verteilen. Einen Klecks Pflaumenmus in die Mitte setzen und Streusel aufstreuen. Ebenfalls bei **180 °C** Ober- und Unterhitze **10 bis 12 Minuten** backen. Die fertigen Kolatschen mit Rumbutter beträufeln.

Teig und Füllung können natürlich auch für größere Kolatschen verwendet werden. Lecker schmeckt es auch, wenn der Teig mit etwas Quark bestrichen, mit dünnen Apfelscheiben dicht belegt und mit Streuseln bestreut wird. Die Backzeit für größere Kolatschen beträgt etwa 15 bis 20 Minuten.

Böhmische Hörnchen

Für 10 bis 12 Hörnchen

1/2 Würfel Hefe

1 Prise Zucker

500 g Weizenmehl Type 550

60 g Butterschmalz

8 – 10 g Salz (1 geh. TL)

Die zerbröckelte Hefe mit einer Prise Zucker in 125 ml lauwarmem Wasser auflösen. **10 Minuten** gehen lassen.
Das Mehl in der Backschüssel mit dem Salz vermengen. Die aufgelöste Hefe, weiches Butterschmalz und noch 150 ml lauwarmes Wasser dazugeben.
Mit der Küchenmaschine mit Knethaken erst **1 bis 2 Minuten** auf niedriger Stufe alle Zutaten miteinander vermischen. Dann auf mittlerer Stufe den Teig etwa **8 bis 10 Minuten** kneten. Den glatten Teig aufs Backbrett geben, von Hand durcharbeiten, dabei den Teig mehrfach zusammenfalten. Dann den Teig zurück in die Backschüssel legen (kann mit etwas Öl ausgestrichen werden, damit der Teig nicht anklebt) und abgedeckt etwa **90 Minuten** bei Zimmertemperatur aufgehen lassen.
Den Teig auf das leicht bemehlte Backbrett geben. Durchkneten und in Teigstücke zu etwa 75 g aufteilen. Mit den Händen jedes Teigstück zu einer Kugel rollen. Diese abgedeckt **10 Minuten** ruhen lassen.
Den Backofen auf **230 °C** Ober- und Unterhitze vorheizen.
Die Teigkugeln mit dem Rollholz einzeln zu spitzwinkligen Dreiecken ausrollen. Diese mit den Händen straff aufrollen, dabei den Druck leicht nach der Seite hin ausüben. Die Hörnchen sollten eine Länge von etwa 15 bis 18 cm haben.
Die Teiglinge mit Abstand auf dem Backblech verteilen und mit lauwarmem Wasser besprühen oder bepinseln. Nochmals gehen lassen (ca. **20 bis 25 Minuten**). Dann etwa **12 bis 16 Minuten** auf mittlerer Ebene backen. Beim Einschieben des Backblechs in den Ofen kann man mit Hilfe eines Wassersprühers etwas Dampf erzeugen. Die Hörnchen nach dem Backen auf einem Rost oder Holzbrett abkühlen lassen.

Buchteln

Für 18 große oder 30 bis 36 kleine Buchteln

- *30 g Hefe*
- *60 g Zucker*
- *150 – 200 ml Milch*
- *140 g Butter*
- *500 g Mehl Type 550 oder halbgriffiges Mehl*
- *1 Ei, 3 Eigelb*
- *1 Prise Salz*
- *Abrieb von 1/2 Bio-Zitrone*
- *(1 Prise Muskatblüte)*
- *Butter fürs Blech*
- *70 g Butter und 1 – 2 EL Rum zum Bestreichen*
- *Mehl zum Bestäuben und fürs Backbrett*
- *Pflaumenmus, Rum*
- *Vanillesoße*
- *Puderzucker*

Die Hefe zerkrümeln und mit 1 EL Zucker verrühren. 100 ml lauwarme Milch angießen und etwa **10 Minuten** aufgehen lassen.
Butter schmelzen, abkühlen lassen. Mehl, übrigen Zucker, Ei, Eigelb, Salz und Zitronenabrieb in die Backschüssel geben. Hefemilch und lauwarme Butter angießen und alles unter portionsweiser Zugabe der restlichen lauwarmen Milch zu einem glatten Teig kneten. (Die Milchmenge hängt von der Aufnahmefähigkeit des Mehls ab.).
Den Teig mit 1 bis 2 EL Mehl bestäuben und abgedeckt bei Zimmertemperatur etwa **60 Minuten** aufgehen lassen.
Sollen die Buchteln gefüllt werden, kann man jetzt die gewünschten Füllungen (siehe ab Seite 84) vorbereiten. Klassische Füllungen sind Powidl (Pflaumenmus), Quark und Mohn.
Butter für das Bestreichen der Buchteln erhitzen und mit dem Rum aromatisieren. Beiseite stellen.
Das Backbrett mit Mehl bestäuben. Den Teig etwa fingerdick ausrollen, in Quadrate schneiden. Die Teigstücke etwas ausziehen und – je nach Größe – in die Mitte jedes Teigstücks 1 EL oder 1 TL Füllung geben. Die Teigränder darüber ziehen und eine Kugel formen. Mit der glatten Seite nach oben in eine gebutterte Form legen. (Ich nutze eine rechteckige Blechkuchen-Springform 24 cm x 36 cm). Dabei jede Buchtel mit Rum-Butter bepinseln. Zuletzt noch einmal die Oberfläche mit Butter beträufeln. **5 bis 10 Minuten** gehen lassen. Im vorgeheizten Herd bei **180 °C** Ober- und Unterhitze etwa **22 bis 26 Minuten** goldgelb/hellbraun backen.

Die Buchteln vor dem Servieren mit Puderzucker besieben. Lauwarm schmecken sie besonders gut. Dazu Vanillesoße (Rezept Seite 86) reichen.

Buchtel-Füllungen

Mohnfüllung

- *100 g gemahlener Mohn / Dampfmohn*
- *1 EL Grieß (10 g), 200 ml Milch*
- *30 – 40 g Zucker*
- *1 Pck. Vanillezucker oder Zimt und Zitronenabrieb*
- *1 EL Rosinen in Rum eingeweicht*

Mohn und Grieß mit Milch, Zucker, Vanillezucker (oder Zimt und Zitronenabrieb) etwa **10 Minuten** kochen, zum Schluss die Rumrosinen unterrühren und auskühlen lassen.
Gern werden gehackte Mandeln zugegeben. Gebunden wird die Mohnmasse auch mit Biskuitbröseln oder geriebenem Lebkuchen.

Jede der Füllungen reicht zum Füllen aller Buchteln aus. Für gemischte Füllungen entsprechend kleinere Mengen vorbereiten.
Buchteln können auch wie Pfannkuchen mit Konfitüre oder Marmelade gefüllt werden. Beliebt ist auch eine einfache Puddingcreme als Füllung.

Puddingcreme

- *1 Pck. Puddingpulver Vanillegeschmack*
- *450 ml Vollmilch*
- *1 Eigelb*
- *2 gehäufte EL Zucker*
- *1 Pck. Vanillezucker*
- *2 EL Butter*

Puddingpulver mit etwas Milch und dem Eigelb verrühren. Die restliche Milch mit Zucker und Vanillezucker erhitzen. Mit dem Schneebesen die Puddingpulver-Eigelb-Mischung unterrühren. Unter Rühren **2 bis 3 Minuten** zu einer dicken Creme verkochen. Die Butter zugeben und noch eine Weile rühren. In eine Schüssel umfüllen. Abkühlen lassen.

Kleine Buchteln können mit gekochten Obststücken gefüllt, gut gebuttert und in kleinen Formen in drei Etagen übereinander aufgeschichtet und so gebacken werden. Für die mittlere Schicht als Füllung werden gern Mandelkerne verwendet. „Je kleiner die Buchteln, desto schöner." (Gabriela Triwaldová, 1885)

Quarkfüllung

250 g Sahnequark
1 Eigelb
60 – 100 g Puderzucker
1 EL Rumrosinen, Zitronenschale

Den abgetropften Quark mit Eigelb und Puderzucker verrühren. Je nach Vorliebe noch Rumrosinen und etwas Zitronenabrieb dazugeben.

Pflaumenmusfüllung

300 g Pflaumenmus (Powidl)
1 – 2 EL Rum

Das Mus mit etwas Rum verrühren. (Nach Belieben noch zuckern und mit geriebenem Lebkuchen binden.)

Mandelbuchteln

Für 20 bis 24 Buchteln

- *5 bittere Mandeln*
- *60 g süße Mandeln*
- *15 g Hefe, 70 g Zucker, 1 Prise Salz*
- *150 ml Sahne*
- *80 g Butter, 1 Ei, 2 Eigelb*
- *350 g Weizenmehl Type 550 oder halbgriffiges Mehl*
- *Abrieb von 1/2 Bio-Zitrone*
- *Mehl zum Ausrollen*
- *50 g Butter, (1 – 2 EL Rum)*
- *Vanillezucker, Puderzucker*

Süße und bittere Mandeln fein hacken oder mahlen. Dann aus den entsprechenden Zutaten, wie im Rezept für Buchteln Seite 83 beschrieben, einen Hefeteig zubereiten und mit den Mandeln vermischen. Buchteln formen und mit Mohn-, Quark- oder Pflaumenmusfüllung füllen und wie auf Seite 83 beschrieben in eine gut gebutterte Form mit hohem Rand geben. Mit lauwarmer Butter(-Rum-Mischung) beträufeln. Gehen lassen.
Die Buchteln **25 bis 30 Minuten** bei **180 °C** Ober- und Unterhitze backen. Mit Vanillezucker bestreuen und mit Puderzucker besieben.

Schnelle Vanillesoße

- *1 geh. EL Vanillepuddingpulver*
- *1 Pck. Vanillezucker*
- *1/2 l Milch, (1 Eigelb)*
- *2 EL Zucker*

In einer Tasse Puddingpulver mit Vanillezucker vermischen und mit etwas Milch und dem Eigelb verrühren. Milch mit dem Zucker erhitzen. Die Puddingpulver-Ei-Milch-Mischung mit dem Schneebesen unterrühren. **2 bis 3 Minuten** aufkochen lassen, dabei weiter rühren.

Altböhmischer Pflaumenkuchen

Für 1 rechteckige Springform (24 cm x 36 cm)

40 Pflaumen (Zwetschgen)
1 Buchtelteig für Mandelbuchteln (siehe Seite 86)
40 – 50 g Lebkuchen (Soßenkuchen)
40 – 50 g Zucker
Zimt nach Geschmack
40 g Butter

Die Zwetschgen längs aufschneiden, Stein entfernen.
Den vorbereiteten, gut gegangenen, weichen Teig ausrollen oder aufs Blech streichen. Lebkuchen reiben und mit Zucker und Zimt vermengen. Butter schmelzen und abkühlen lassen.
Den Teig mit den Zwetschgen belegen, Lebkuchen aufstreuen und mit lauwarmer Butter beträufeln. Den Kuchen **20 Minuten** gehen lassen. Dann auf mittlerer Ebene bei **180 °C** Ober- und Unterhitze etwa **40 Minuten** backen. Noch einige Minuten im Ofen ruhen lassen.

Für einen extra dünnen Boden nur die halbe Teigmenge zubereiten. Dabei 1 Ei verwenden.

Quarkkuchen nach M. D. Rettigová

Für 1 Backblech ca. 28 x 40 cm

Für den Belag:

- *150 g Sahnequark (40 % Fett)*
- *30 g Puderzucker*
- *1 Eigelb*
- *3 bittere Mandeln*

Für den Teig:

- *150 g Mehl*
- *150 g kalte Butter*
- *1 Eigelb*
- *2 Pck. Vanillezucker*

Zuerst für den Belag Quark mit Puderzucker, Eigelb und fein geriebenen bitteren Mandeln verrühren.
Für den Teig das Mehl aufs Backbrett sieben, die kalte Butter einarbeiten. Das Eigelb mit 2 EL kaltem Wasser verrühren und unter den Teig kneten (am besten einen Teigschaber dazu nehmen). Den Teig **30 Minuten** kühlen.
Backofen auf **180 °C** Ober- und Unterhitze vorheizen. Ein Blech mit Backpapier belegen.
Den Teig halbieren. Das erste Stück auf bemehltem Brett zu einem dünnen Fladen (28 bis 30 cm Ø) ausrollen, auf das Backblech legen und den Quark darauf verteilen. Dabei einen kleinen Rand lassen.
Das zweite Teigstück zu einem ebensolchen Fladen ausrollen und vorsichtig auf den ersten auflegen. Mit Fingerspitzengefühl die Ränder beider Teigstücke ringsum kordelartig verbinden.
30 Minuten auf mittlerer Ebene backen. Danach sofort mit Vanillezucker bestreuen.

Alternativ eine Tortenform 28 cm Ø mit dem Teig auslegen.

Altböhmische Apfeltorte

Für 1 Tortenform 20 cm Ø

1 TL weiche Butter
15 g Mandelblättchen
3 Eier, 125 g Puderzucker
40 g Semmelbrösel
130 g Äpfel, grob geraspelt
1 Prise Salz
2 EL Aprikosenmarmelade
80 g Kuvertüre (halbbitter)
30 g Butter

Die Form mit Butter ausstreichen, dann Boden und Rand mit Mandelblättchen ausstreuen. Den Backofen auf **170 °C** Ober- und Unterhitze vorheizen.

Die Eier trennen. Das Eigelb mit dem Puderzucker in der Küchenmaschine cremig aufschlagen. Erst die Semmelbrösel, dann die Apfelraspel unterrühren.

Eiweiß mit einer Prise Salz zu steifem Schnee aufschlagen und unter den Teig heben. Die Masse in die Tortenform geben. Auf mittlerer Ebene **45 Minuten** backen. Auskühlen lassen. Dann die Marmelade in einem Pfännchen erwärmen und die Oberfläche der Torte damit bestreichen.

Die Kuvertüre über einem Wasserbad schmelzen, die Butter einrühren und die Torte mit der Schokoladenglasur bestreichen. Nochmals kühl stellen. Dann genießen.

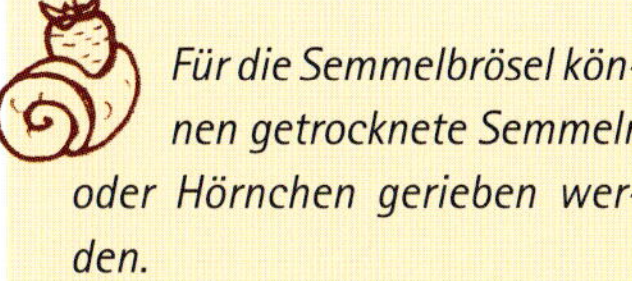

Für die Semmelbrösel können getrocknete Semmeln oder Hörnchen gerieben werden.
Für eine Torte mit 28 cm Ø wird die doppelte Menge an Zutaten benötigt.

Mandel-Kirsch-Kuchen

Für 1 Springform 26 oder 28 cm Ø

- *5 Eier (Größe M)*
- *100 g Puderzucker*
- *100 g gemahlene Mandeln*
- *1 – 2 gemahlene bittere Mandeln*
- *1 Pck. Vanillezucker*
- *1 Prise Salz*
- *30 g Semmelbrösel*
- *125 g entsteinte Sauer- oder Süßkirschen (Konserve oder TK)*
- *etwas Butter und Semmelbrösel für die Form*
- *25 g Kuvertüre (Vollmilch oder Zartbitter) oder Puderzucker*

Den Backofen auf **170 °C** Ober- und Unterhitze vorheizen. Die Eier trennen. Eigelb mit dem Puderzucker hell aufschlagen. Die gemahlenen Mandeln dazugeben und unterrühren. Das Eiweiß mit Vanillezucker und einer Prise Salz zu festem Schnee aufschlagen. Die feinen Semmelbrösel und 1 bis 2 EL Eischnee unter die Mandelmasse rühren. Dann den Eischnee vorsichtig unterheben.
Die Backform buttern und mit Semmelbröseln ausstreuen. Den Teig einfüllen. Die abgetropften Kirschen auf der Oberfläche verteilen. Dann ca. **42 bis 50 Minuten** auf mittlerer Ebene backen.
Mit Puderzucker bestäuben oder mit temperierter Kuvertüre dekorieren.

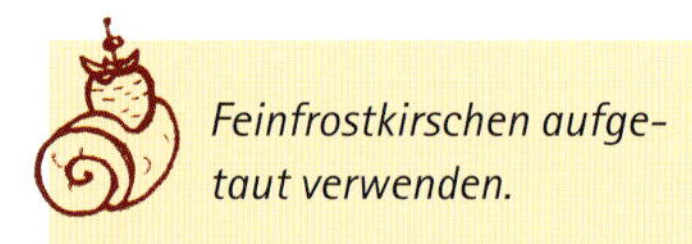

Karlsbader Oblatentorte (ungebackene Torte)

225 g Kuvertüre (60 % Kakaogehalt)

180 ml Schlagsahne

50 g weiche Süßrahmbutter

6 Stück Karlsbader Oblaten mit Haselnussfüllung

75 g Kuvertüre (40 % Kakaogehalt)

20 g blanchierte Mandeln

Für die Schokoladencreme die dunkle Kuvertüre hacken und in eine Rührschüssel geben. Die Sahne aufkochen, über die Kuvertüre gießen. Mit dem Schneebesen gründlich verrühren. Wenn die Mischung auf etwa **30 °C** abgekühlt ist, die Butter untermischen. Aufschlagen.

Eine Oblate mit einem verstellbaren Tortenring umfassen. Die Oblate mit etwa 3 gehäuften Esslöffeln der Ganache bestreichen, mit einer Oblate abdecken und so die Schokoladencreme auf fünf Schichten verteilen. Mit der letzten Oblate abdecken.

Die helle Kuvertüre in einer Schale über einem Wasserbad schmelzen, temperieren und die Oberseite der Torte damit bestreichen. Die Mandeln zerkleinern und die Torte damit dekorieren.

Gebacken wurde für Weihnachten schon immer, vor allem Vánočka – ein weißes Brot in Zopfform, ein Brauch, der noch aus vorchristlicher Zeit stammt.

Der aus neun Strängen bestehende Zopf hat drei Ebenen: Die Basis wird aus vier Strängen geflochten. Nach der Vier-Elemete-Lehre symbolisieren sie Erde, Wasser, Luft und Feuer.

Für die zweite Ebene werden drei Stränge miteinander verflochten: Verstand, Gefühl und Willen. Eine Kordel, deren Stränge Liebe und Macht symbolisieren, krönt das Backwerk.

Bis heute gehört der Weihnachtszopf zur weihnachtlichen Backtradition, hinzugekommen sind Stollen, Lebkuchen und Plätzchen.

Weihnachtszopf (Vánočka)

25 g Hefe
100 g Zucker
210 ml Milch (bei Bedarf auch mehr)
120 g Butter
1 Ei oder 2 Eigelb
1 Prise Salz
Abrieb von 1 Bio-Zitrone
1 Prise Muskat
500 g Mehl Type 550
75 g Rosinen
25 g gehackte Mandeln
1 – 2 bittere Mandeln
1 gestr. TL Salz (4 – 5 g)

Die Hefe zerbröseln und mit 2 EL Zucker vermengen. Wenn sie etwas verlaufen ist, 100 ml lauwarme Milch angießen. Die Hefe aufgehen lassen.

In der Backschüssel die weiche Butter, Ei und restlichen Zucker zu einer homogenen Masse vermischen. Mit 1 Prise Salz, Zitronenabrieb und einer Prise Muskat würzen. Die Hälfte des Mehls und die Hefe unterkneten. Dann nach und nach übrige Milch, Mehl und die restlichen Zutaten einarbeiten. Den Teig solange kneten, bis er nicht mehr an den Wänden der Schüssel festklebt. Je nach Bedarf noch etwas Mehl oder Milch dazugeben.

Abgedeckt bei Zimmertemperatur **60 Minuten** gehen lassen, dann erneut durchkneten und nochmals **60 Minuten** gehen lassen.

Den Teig in 9 Stücke zu 110 bis 120 g aufteilen. Auf dem Backbrett daraus ca. 40 cm lange Stränge formen (mit den Händen den Teig immer von der Mitte nach außen rollen).

Das Backblech mit Backpapier belegen. Vier Stränge zu einem Zopf flechten und auf das Blech legen. Dann drei Stränge miteinder verflechten und auf den Zopf auflegen. Schließlich die letzten beiden Teigstränge zu einer Kordel drehen und obenauf legen.

Lebkuchenbäckerei und -Café in der Nähe des Franz-Kafka-Museums in Prag

Zum Verzieren:

1 Ei, Mandelblättchen

Um ein Verrutschen zu verhindern, die Zöpfe mit drei Holzstäbchen (Schaschlikspießen) fixieren. Mit einem Küchentuch abgedeckt noch **45 Minuten** gehen lassen.

Das zimmerwarme Ei mit 1 EL lauwarmem Wasser aufschlagen. Den Zopf damit bepinseln und je nach Vorliebe mit Mandelblättchen bestreuen. Im vorgeheizten Herd bei **160 °C** Ober- und Unterhitze auf der unteren Ebene **45 Minuten** backen. Mit Puderzucker besieben.

Der Zopf kann mit mehr Rosinen (150 g) und Mandeln (50 g) zubereitet werden. Dann die Rosinen direkt in die einzelnen Teigstreifen einarbeiten. Diese etwas breit drücken, die Rosinen darauf verteilen und so verschließen, dass keine Rosinen aus dem Teig „rausgucken".

Böhmische Lebkuchen – für Weihnachten und für das Osterfest

Für 2 Backbleche

Für den Teig:

50 g Butter, 2 geh. EL Honig

200 g Weizenmehl Type 550

1/2 TL Natron (2 g)

1 TL Pfefferkuchengewürz (5 g)

1 TL Kakao

1 Ei, 70 g Puderzucker

Mehl für das Backbrett

Für das Dekor:

1 Eiweiß, 1 Prise Salz

150 – 200 g Puderzucker

1 gestr. TL Stärkemehl

Zitronensaft

Die Butter in einem Topf schmelzen und den Honig unterrühren. Das Mehl in eine Schüssel sieben und mit Natron, Pfefferkuchengewürz und Kakao vermischen.

Das Ei mit dem Puderzucker schaumig aufschlagen. Dabei erst nach und nach die lauwarme Honig-Butter zugeben, dann in mehreren Portionen das Mehl einarbeiten. Alles zu einem glatten Teig verkneten. Den Teig mindestens **60 Minuten** im Kühlschrank ruhen lassen.

Den Teig halbieren, bemehlen und die Teigstücke nacheinander auf dem mit etwas Mehl bestreuten Backbrett etwa 3 mm dick ausrollen. Formen ausstechen und auf das mit Backpapier belegte Backblech legen. (Teigreste kurz verkneten und erneut ausrollen.) Die Lebkuchen im vorgeheizten Backofen auf mittlerer Ebene bei **170 °C** Ober- und Unterhitze etwa **10 bis 12 Minuten** goldbraun backen.

In Tschechien werden die Lebkuchen mit Eiweißglasur kunstvoll „bemalt“ und schmücken so auch den Weihnachtsbaum oder den Osterstrauß.

Für den Dekor den Puderzucker fein sieben. Das Eiweiß mit einer Prise Salz leicht aufschlagen. Die Hälfte des Puderzuckers unterschlagen, Stärke und 1 TL Zitronensaft unterrühren. Dann weiteren Puderzucker dazugeben, bis die Glasur die notwendige Festigkeit erlangt hat. Ist sie zu fest, kann sie mit etwas Zitronensaft verdünnt werden.

Den Zuckerguss in einen Spritzbeutel mit dünner Spritztülle füllen und die Lebkuchen dekorieren.

Loketer Pfefferkuchen

200 g Weizenmehl Type 1050
1 geh. TL Natron
1 gestr. TL Pfefferkuchengewürz
40 g Butter, 120 g Puderzucker
3 EL Honig, 2 Eier
60 g fein gehacktes Orangeat

Das Mehl mit Natron und Pfefferkuchengewürz vermengen. Zimmerwarme Butter, Zucker, Honig und Eier miteinander verschlagen. Nach und nach das Mehl einarbeiten. Backofen auf **180 °C** Ober- und Unterhitze vorheizen.

Den Teig dünn auf das gefettete (oder mit Backpapier belegte) Blech aufstreichen und mit Orangeat bestreuen. Etwa **12 bis 15 Minuten** auf mittlerer Ebene backen. Noch heiß in Rechtecke schneiden. Mit Kuvertüre oder Eiweiß-Spritzglasur dekorieren.

Bildnachweis

Seite 2, 5 links außen, rechts außen und zweites Motiv rechts, 8, 10, 11, 17, 18, 19 21, 22, 23, 25, 27, 29 links, 30 unten, 35, 40, 43, 45, 46 rechts, 52, 56, 57, 59, 60, 61, 63, 67, 69, 70, 73, 76, 77, 79 rechts, 85, 86, 87, 89, 90, 93 links: Colourbox.de; Seite 5 zweites Motiv links, 6, 12, 20, 47 rechts, 65, 82, 91, 93 rechts: Regina Röhner; Seite 5 Mitte, 15: Ivan Majtan, Shutterstock.com; Seite 14: Roman Bjuty, Shutterstock.com; Seite 29 rechts: Jiři Ptáček (CC BY-SA 4.0); Seite 30 oben, 37, 47 Mitte, 50, 95 rechts: Pixabay.com; Seite 33: Arthur Matsuo, Shutterstock.com; Seite 35: shaiith, Fotolia.com; Seite 46 links: Pecold, Shutterstock.com; Seite 47 links: SchiDD (CC BY-SA 4.0); Seite 49: Honza Groh (CC BY-SA 3.0); Seite 54 oben: Ben Skála, Benfoto (CC BY-SA 3.0); Seite 54 unten: Manfred Morgner (CC BY-SA 2.0); Seite 71: Bybbisch94, Christian Gebhardt (CC BY-SA 4.0); Seite 75: Iva Vagnerova, Shutterstock.com; Seite 79 links: Jakub Holzer (WMCZ; CC BY-SA 4.0); Seite 95 links: Nati Melnychuk, Unsplash.com

Rezeptverzeichnis